소년운동을 민족운동으로 승화시킨
방정환

소년운동을 민족운동으로 승화시킨 방정환

| **조성운** 지음 |

글을 시작하며

한국근대사는 흥미진진하면서도 다른 한편으로는 진한 슬픔을 가지고 있다. 이는 제국주의의 침략을 받으면서 근대화의 길로 나아가고자 했던 역동적인 모습이 있는가 하면 제국주의의 침략에 굴복 당하는 모습과 일제의 식민지 지배에 대한 다양한 저항운동의 모습이 중첩되기 때문이다.

몇 년 전까지만 하더라도 한국근대사에 대한 연구는 독립운동사 중심이었다. 이는 1945년 8월 15일, 우리의 독립이 외세의 도움이나 지원에 의한 것이 아니라 식민지 35년간 끊이지 않고 전개되었던 독립운동의 결과라는 점을 인정하였기 때문이다.

최근에는 이러한 독립운동사 중심의 한국근대사 연구에 변화가 있다. 일상사의 연구를 통해 미시적인 분야를 천착하고 있으며, 식민지 말기 일제의 지배정책에 대한 연구가 매우 정력적으로 진행되고 있다. 이와 같은 최근의 한국근대사 연구의 흐름은 독립운동사 일변도의 역사연구로는 한국근대사의 전반적인 성격을 파악하는 것이 불가능하다는 인식이 기저에 깔려있다고 할 수 있다. 그런데 현재 한국사회에는 이른바 '뉴 라이트'적인 역사인식을 가진 인물들에 의해 '새로운' 그러나 전혀 새롭지 않은 주장들이 제기되고 있는 형편이다. 이것이 일제의 식민지 지배가 우리나라의 근대화에 기여하였다는 '식민지 근대화론'이다.

 이에 식민지 근대화론을 비판하면서 한국근대사의 전개과정이 일제의 식민지 지배를 극복하는 과정이었고, 이러한 과정의 중심에는 독립운동가를 비롯한 우리 민족의 선각자들이 있음을 다음 세대에게 올바로 전달하는 일은 매우 중요하고도 의미 있는 일이라 할 수 있다.

 방정환은 이 점에서 매우 적절한 인물이라고 할 수 있다. 그가 3·1운동에 참여하여 독립운동을 전개하였고, 이후에는 소년운동·출판운동·아동문학운동 등을 통해 문화운동에 전력한 것은 매우 잘 알려져 있기 때문이다. 그가 이와 같이 대중적으로 잘 알려진 것은 '어린이날'의 제정에 결정적인 역할을 했다는 것이다. 그러나 방정환은 대중적으로 널리 알려진 인물이면서도 대중들이 그에 대해 아는 사실은 그리 많지 않다. 정보가 협소한 것은 학술적 연구가 소년운동과 그의 아동문학운동에만 집중되어 있고, 그에 대한 종합적인 연구가 미진하기 때문이다. 따라서 방정환 개인에 대한 종합적인 연구는 상대적으로 이루어지지 않았다는 것이다.

이러한 현실에서 이 책은 방정환에 대한 다양한 정보를 담고자 노력하였다. 그의 일생을 출생과 성장기, 결혼 이후 일본 유학기, 일본 유학에서 귀국한 이후 소년운동과 아동문학운동을 중심으로 활동하던 시기 등 그의 활동을 계기적으로 구분하여 서술함과 동시에 소년입지회 활동, 천도교 활동, 『어린이』의 발간 등 대표적인 활동을 중심으로 서술하였다. 32년이 채 안 되는 그의 생애를 이와 같이 구분하여 서술하는 것이 무리한 일이기도 하나 그에 대한 인식을 보다 풍부하게 할 수 있으리라 믿는다. 다만 용렬한 필자의 능력 때문에 필자의 의도가 독자 여러분께 제대로 전달될 수 있을지 걱정이다.

　마지막으로 이 책이 방정환 개인과 한국 소년운동에 대한 이해에 조금이나마 도움이 되었으면 하는 바람을 가지면서 책이 나오는데 도움을 주신 독립기념관 한국독립운동사연구소와 출판사 역사공간에 감사의 마음을 전한다.

2011년 12월
평촌의 우거에서
조 성 운

차례

글을 시작하며 _ 4

1 출생과 성장
유복한 가정에서 태어나다 _ 12
보성소학교에서 신교육을 접하다 _ 20

2 소년입지회의 조직과 활동
소년입지회를 통해 토론문화에 다가가다 _ 27
새로운 가치관을 정립하다 _ 30

3 경성청년구락부를 조직하여 활동하다
선린상업학교를 중퇴하다 _ 33
경성청년구락부에서 청년운동을 주도하다 _ 37
『신청년』 발간으로 문화운동 기틀을 다지다 _ 40

4 손병희의 사위가 되다
손병희의 사위가 되다 _ 45
인적 교류관계를 넓히다 _ 47

5 일본 유학을 가다
도요대학에 입학하다 _ 51
연극활동에 매진하다 _ 55
양근환의거를 지원하다 _ 59

6 천도교청년회 활동을 하다
천도교청년회 문화운동을 지원하다 _ 64
천도교청년회 도쿄지회장으로 활약하다 _ 68

7 사회주의사상을 수용하다
다양한 이념을 수용하다 _ 70
사회운동 기반을 구축하다 _ 79

8 민족운동에 참여하다
3·1운동을 측면에서 지원하다 _ 85
민족운동 지평을 확대하다 _ 89

9 문화운동에 참여하다
출판 문화활동에 힘을 기울이다 _ 92
강연활동으로 잠재된 민족의식을 일깨우다 _ 99

10 소년운동을 주도하다
소년운동은 무엇인가 _ 107
'어린이'에 담긴 방정환의 아동관 _ 110

11 『어린이』를 창간하다
『어린이』에 담긴 방정환의 희망 _ 115
어린이운동의 기폭제가 되다 _ 122

12 천도교소년회를 지도하다
천도교소년회를 조직하다 _ 130
김기전과 의기투합하다 _ 140
동화구연회로 활동영역을 확대하다 _ 144

13 색동회를 조직하다
색동회로 어린이에 대한 관심을 환기시키다 _ 146
어린이날을 제정하다 _ 149
아동작품전람회를 개최하다 _ 156

14 소년운동이 분열하는 가운데 사망하다
소년운동이 분열되다 _ 160
작별을 고하다 _ 169

15 방정환의 필명을 다시 본다
다양한 필명을 사용하다 _ 172
필명에 담겨있는 방정환의 꿈 _ 175

방정환의 삶과 자취 _ 178
참고문헌 _ 184
찾아보기 _ 189

01 출생과 성장

유복한 가정에서 태어나다

방정환은 1899년 11월 9일(음력 10월 7일) 서울의 야주개(현 당주동)에서 아버지 방경수方慶洙와 어머니 손씨 사이에서 태어났다. 손씨가 사망한 후, 방정환의 아버지는 해주海州 구씨와 재혼하였다.

    온양 방씨 판서공파 족보에 따르면 방경수는 3남 1녀를 둔 것으로 나타난다. 하지만 이러한 족보의 기록은 정확하지 않다. 족보상의 3남 순환順煥은 실은 딸이었다. 그렇다면 2남 2녀라 해야 옳다. 그러나 후술하듯이 손위 누나가 있으므로 실제로는 2남 3녀가 된다.

    방정환은 5남매 중 둘째로 태어났다. 방정환은 1921년 『개벽』 1월호의 「경신庚申 추석 다음 다음 날 동경東京에서」에서 손위 누나가 있었다는 사실을 말하며, 누나에 대한 애틋함을 드러내고 있다.

    안암산 화강석 깨뜨려 내는 바위 밑 과목밭 속에 조그만 집, 그 속에서

당주동의 방정환 생가지 터

가난에 부딪치며 눈물과 생활을 해가는 불쌍한 누님, 그가 어머님 돌아가신 후에는 외로이 나 한 몸을 믿고, 나 한 몸을 세상에 단 하나로 알아, 먼 곳이나마 자주 다녀가고, 자주 오라고 때때로 보고자 고대고대하는 것을 공부니 사무니 하고 바쁜 탓으로 자주 가지 못하여 기대하다 못하여 아마 무정해졌는 게라고 홀로 어머님 생각, 내 생각, 어린 동생 생각을 두루하며 울더라는 누님!

족보에는 방정환의 아버지 방경수가 재혼한 부인이 해주 구씨로 되어 있으나 민윤식의 『소파 방정환평전 : 청년아, 너희가 시대를 아느냐』에서는 재혼한 부인을 해주 오씨 오애기吳愛其로 소개하고 있다. 따라서 방정환의 새어머니에 관한 사실도 바로잡아야 할 대목이다.

이외에도 방정환은 『어린이』 6권 2호의 「나의 어릴 때 이야기」에서 증조부·증조모·조부·조모·큰고모·작은 고모·삼촌 등에 대해 언급하였다. 또 앞에서 본 「경신 추석 다음 다음 날 동경에서」에서는 생모와 새어머니·누나·동생에 대해 비교적 상세하게 언급했다.

방정환은 유년시절에 증조부·증조모 등 4대가 함께 생활한 대가족이었다. 이밖에 집안의 성향에 대해서는 알려진 바가 거의 없다. 다만 「나의 어릴 때 이야기」에서 술회를 보면, 그의 집이 경제적으로 매우 부유했었으나 그가 아홉 살 무렵에 몰락한 것을 알 수 있다.

그때 우리집은 서울 야주개에 있었는데, 장사를 크게 하였으므로 돈도 넉넉히 있어서 지금 생각하여도 대단히 큰 기와집을 하나 가지고는 부족하여서 두 집을 사서 사이를 트고 한 집을 만들어 쓰고 있었습니다. 그래서 집 안에서 이쪽 끝에서 저쪽 끝까지 가려면 한참 동안을 잊어버리고 가야 하였습니다.

야주개 일판으로 뛰어다니면서 어느 가게든지 빈손으로 가서 엿이나 왜떡(과자)이나 과실이나 마음대로 집어먹고 다녔다고 합니다. 가게에서는 내가 무엇을 집어먹던지 먹기만 바라고 있다가 치부책에 적기만 한답니다. 그랬다가 그믐께 집에 와서 조부모님께 말씀하면 얼마든지 적힌 대로 내주셨다고 합니다.

아홉 살 될 때에 무엇 때문에 어떻게 망하였는지는 모르나 별안간에 그 큰 집에서 쫓겨나듯 나와서 저 사직골 꼬닥이 도정궁 밑에 조그만 초가

집으로 이사를 하게 되었습니다. 그 큰 가게에 가득하던 물건은 모두 어디로 누가 가져갔는지 하나도 옮겨오지 않았고 그 큰 집 두 채에 방방에 가득하던 번쩍거리는 세간도 다 가져오지 않았습니다. 생각해보면 아마 별안간에 큰 빚에 몰리어 세간 물건을 모두 집행을 당했던지 그런 눈치였습니다.

그의 집안이 경제적으로 부유할 수 있었던 것은 할아버지와 아버지가 야주개에서 큰 어물전과 미곡상을 경영하고 있었기 때문이었다. 어물전과 미곡상은 장사가 잘 되어 수십 명의 하인을 두었고, 대궐의 내시들도 자주 왕래하였다.

이처럼 부유한 경제적 상황은 야주개에 설치되었던 협률사協律社와의 관계에서도 확인된다. 협률사는 우리나라 최초의 국립극장에 해당하는 실내 상설극장으로 궁내부의 봉상사奉常司 소관이었다. 1902년 고종 재위 40년 경축 예식을 위해 한성부 야주현(현 광화문 새문안교회)에 있는 황실건물 일부를 터서 만들었으며, 2층 500석 규모였다. 전국의 유명한 판소리 명창과 가기歌妓·무동舞童 등 170여 명을 모아 전속단체를 조직한 뒤 이들에게 관급을 주었다. 그러나 경축 예식이 흉년 등의 이유로 다음 해로 미루어지자 상업극장으로 변하여 일반인에게 공개되었다.

협률사는 1902년 12월에 '소춘대유희笑春臺遊戱'를 창립하여 공연하였다. 이는 한국 최초의 유료 무대공연에 해당하는 셈이다. 이후 판소리 다섯 마당과 가기·무동의 춤과 노래를 공연했으며 가끔 경극京劇도 공연했다. 1903년 영화상영 중 전기파열로 한동안 문을 닫았다가 대중의

협률사(1904)

요구로 다시 열었다. 이때 협률사의 소관이 장봉환으로부터 김용제·최상돈·고희종 등에게로 넘어갔는데, 이들은 일본인 출자로 협률사를 대중의 연희장·사교장으로 운영하여 관료층의 분노를 사는 등 문제를 일으키기도 하였다.

이후 협률사는 1906년 4월 17일 봉상사 부제조 이필화李苾和의 상소에 의해 폐지되었다. 전속단원들이 협률사라는 이름의 극단으로 가끔 공연하였다가 1914년경 자취를 감추었고, 이 건물은 1908년에 원각사 극장으로 다시 문을 열었다.

협률사를 관장하던 봉상사는 1895년 제사와 시호에 관한 일을 담당하던 봉상시가 이름을 바꾼 것으로 방정환의 집에 궁궐의 내시가 출입

했다는 것은 바로 이 봉상사의 관원을 의미하는 것이라 생각된다. 이로 보아 방정환의 집안은 궁궐에 여러 가지 물품을 납품하는 상인집안이었던 것으로 추측할 수 있다. 그의 나이 아홉 살이면 1907년인데, 이 봉상사가 1907년에 혁파되었으므로 그의 집안이 몰락하게 된 것이 봉상사의 혁파와 관련이 있는 것이 아닌가 생각된다. 이를 계기로 방씨 집안은 왕실과의 거래가 중단되는 등 경제적으로 몰락하는 과정을 겪게 되었다고 보인다.

가세가 기운 이후 방정환의 집은 사직동 도정궁 앞 허름한 초가집으로 이사했다. 그의 할아버지와 아버지는 인쇄소에서 일을 하면서 생계를 유지하였으나 가족들을 부양하는 데는 많은 어려움을 겪었다. 인쇄소에 어떠한 경로를 거쳐 취직을 하였는가에 대해서는 명확히 알려진 바는 없으나, 방정환의 아버지 방경수와 권병덕이 의형제였다는 사실에서 추측이 가능하다.

이에 대해 천도교 간부인 김응조는 1983년 『나라사랑-소파 방정환 특집호』 48호의 「소파선생의 뿌리와 배경」에서 다음과 같이 증언하였다.

소파의 아버지 방경수는 기미독립운동 민족대표 33인 중 천도교 측 대표인 권병덕과 의형제를 맺고 있었고, 권병덕과 함께 동학의 분파인 시천교를 신봉하고 있었다. 그 후 권병덕이 시천교를 떠나 천도교로 개종하면서 방경수 역시 천도교를 신봉하게 되었고, 권병덕의 중매로 소파가 19세 때 손병희 3녀인 손용화와 결혼했던 것이다.

또한 권병덕의 자서전에는 이러한 기록도 보인다.

포덕布德 44년(1907) 정미丁未에 보문관普文館 물품을 조사하고 관장이 되어 인쇄사무를 감독하였다.

뿐만 아니라 방정환의 미동보통학교 학적부에 1910년 방경수의 직업이 인쇄기원으로 기록되어 있다는 점을 봤을 때, 집안이 망한 1907년 중반 이후 1908년의 어느 무렵에 인쇄기원이 된 방경수가 보문관의 관장으로 인쇄사무를 감독했던 권병덕을 알게 되었으리라는 추측이 가능하다. 따라서 의형제인 방경수의 몰락을 알게 된 권병덕이 그를 인쇄소에 취직시켜준 것이라 생각된다.

가세 몰락 이후 할아버지와 아버지가 인쇄소의 노동자로 취직하여 생계를 유지하였으나 생활은 매우 어려웠다. 그리하여 방정환은 등교하는 길에 대고모 댁에 들러 밥을 얻어먹는 적이 많았다. 그 집에서 도시락을 싸주는 일도 종종 있었다.

그는 이 집 저 집에 쌀을 꾸러 다니는 것이 한 달에 7~8회 정도나 되었다. 내키지 않는 걸음을 억지로 걸어 쌀을 꾸는 집 대문 앞까지 가서는 몇 번이나 들어갈까 말까 망설였으며, 그럴 때엔 그 집 대문이 무서운 경찰서나 감옥문 같이 원망스러웠다. 또 그는 고생스러웠던 물 긷기에 대해서는 다음과 같이 술회하였다.

쌀 꾸러 다니기, 전당포 다니기, 그런 것 외에 또 한 가지 고생스러운 일은 물 길어 오기였습니다. 하인도 없고 어른 들은 활판소에 가시고 또 삼촌 한 분은 남의 상점 점원으로 가시고, 물을 길어 올 사람은 열 살 먹은 나 하고, 여덟 살 먹은 사촌 동생 밖에 없었습니다.

소년시절의 방정환

집은 사직골이었으니까 우리 집에서 두어 마장쯤 떨어진 곳에 사직 뒷담 밑에 성주 우 물이란 우물이 있는데 학교에만 갔다 오면 물통(석유통) 하나를 들고 가서 물을 길어 가 지고, 열 살짜리 여덟 살짜리가 둘이 들고 비틀비틀하면서 집으로 옮겨 나르기에 얼마나 힘이 드는지.

여름에는 별 고생이 없지만은 겨울이 되면 물이 나오지 않고 맨 밑바닥에 조금씩밖에 안 나오는 고로 물난리가 날 지경이어서 우물 앞에 차례로 온 대로 물그릇을 쪼르르 늘어놓고 기다려서 자기 차례가 되어야 바가지를 들고 우물 속에 기어들어가서 떠가지고 나오게 되는 고로 우물 앞에는 물 통·물동이가 골목 밖에까지 체조하는 병정처럼 늘어 놓이고 자기 차례 를 기다리자면 두 시간씩이나 기다리게 됩니다. 날은 차고 바람은 뺨을 베어버릴 듯이 부는데 배는 고프고 몸은 떨리고 …… 우물 옆에서 두발을 동동 구르고 울던 일이 해마다 겨울마다 몇백 번씩인지 모릅니다.

가세가 몰락한 이후 방정환의 삶은 이처럼 매우 고단하였다. 그럼에 도 불구하고 그는 친구들 사이에서 리더쉽을 발휘하는 등 매우 명랑한 소년이었다. 또한 1908년에 조직된 소년입지회少年立志會 활동을 하며 자신의 꿈을 키워 나가기도 하였다.

보성소학교에서 신교육을 접하다

그는 다섯 살부터 일곱 살까지 한문에 조예가 깊던 할아버지에게 『천자문』을 배웠다. 어느 날, 두 살 위 삼촌이 신식학교에 다니는 것이 부러워 보성소학교에 따라갔다가 교장 김중환金重煥의 눈에 띠어 전교생 중 가장 어린 나이로 보성소학교 유치반에 입학하였다.

보성소학교장 김중환은 1863년생으로 1888년 문과에 급제하여 성균관 전적·지방제도 조사위원·중추원 의관 등을 역임하고 1905년 사립 보성普成학교와 사립 찬문贊文학교·화동華東학교, 1906년에는 사립 광성학교·현성학교·동명학교 등의 교장으로 활동하였다. 그는 일시에 7개 사립학교 교장으로 활동하는 등 누구보다 근대교육에 큰 관심과 열정을 보였다.

이 시기 뜻 있는 인물들은 학교를 세워 민족교육을 시키고자 하였다. 보성학교 역시 이러한 과정에서 설립되어 근대교육을 시행한 대표적인 사립학교 중 하나였다. 특히 김중환은 이 시기 다른 학교들과 마찬가지로 학생들에게 군사훈련을 실시하였다. 정기적인 병식체조나 운동회 개최 등은 학생들에게 상무정신尙武精神을 고취시키려는 의도에서 비롯되었다. 이는 곧 국권을 지키기 위한 하나의 방안이었다.

방정환은 자신이 보성소학교에 입학하게 된 경위를 다음과 같이 설명하였다.

따뜻한 봄날(1905년)이었는데 하루는 서당에 다니는 나보다 두 살 위(9세)인 아저씨가 서당을 그만두고 오늘부터는 학교에 간다고 자랑을 하기에 학교가 무엇인지도 모르면서 '나도 학교에 넣어 달라'고 졸라보았더니 '너는 이다음에 가라'고 조부님이 말리시는 고로 넌지시 밖에 나가 숨어 있다가 아저씨의 뒤를 따라 학교라는 곳에를 가보았습니다. …… 나 혼자 마당에서 돌멩이를 가지고 놀고 있는데 점심때가 가까워 오니까 …… [교장선생님이] '그놈 똑똑하게 생겼다. 너 몇 살이냐?' 합니다. '일곱 살이에요.' 하니까 성이며, 이름, 집이 어디며, 아버지도 계시냐며 별것을 다 묻더니 내 뺨을 만지면서 '그놈 참 귀엽다. 너 학교에 안단기련' 잠자코 있으니까 또 '학교에 안단기련. 그래야 좋은 사람 되지.' 하면서 내 뺨을 자꾸 주무르기에 '단길테예요.' 하였습니다. 그랬더니 교장님도 기뻐하면서 '그래 학교에 다녀라. 그런데 학교에 다니려면 머리를 깎아야지. 자, 나를 보아라. 나처럼 머리를 깎아야지. 머리를 깎을 테냐? 응?' 나는 '머리를 깎아야 공부가 되나요?' 하거나 '이 학교에는 아무도 머리 깎은 이가 없는데요.' 하지도 못하고 그냥 철모르고 '네' 하였습니다.

단발기사(『황성신문』 1907년 2월 23일자)

이종호

이와 같이 방정환의 근대학교 입학은 집안 어른과 상의 없이 우발적으로 이루어졌다. 더욱이 단발한 학생이 하나도 없는 보성소학교에 단발을 조건으로 입학하였다. 결국 단발하고 집으로 돌아온 방정환은 할아버지에게 종아리를 맞았고, 증조할머니와 할머니는 밤새도록 통곡을 하였다. 어른의 허락을 받지 않고 학교에 입학한 것 때문이 아니라 머리를 깎은 것 때문에 매를 맞았다는 것은 당시 시대적 분위기와 무관하지 않다. 1895년 단발령斷髮令 시행 이후 최익현崔益鉉 등을 비롯한 대부분의 유생들이 단발령에 반발하였던 시대적 분위기가 지속되고 있었다. 물론 개화지식인은 위생이나 편리함 등을 이유를 들어 찬성하는 분위기도 공존하였다.

방정환이 입학한 보성소학교는 구한말 친러파의 거두이자 고종의 최측근이던 이용익李容翊이 1905년에 설립한 학교로서 오늘날 고려대학교의 전신이다. 그가 러시아로 망명한 후 손자 이종호는 교주로서 학교 운영을 맡았다. 또한 보성소학교 안에는 3·1운동 당시 독립선언문을 인쇄한 보성사普成社가 있었다. 방정환은 삼촌과 함께 신설학교인 보성소학교와 그 학교 유치반의 제1회 입학생이 되었다.

1905년은 을사늑약이 체결되어 민족과 국가의 운명이 풍전등화와 같던 시기였다. 이 시기는 1895년 고종의 「교육입국조서」 공포 이후 각

普校漸旺 軍大李容翊氏가普成學校擴張ㅎ기專力ㅎ야新門外天然亭과前西北鐵道局에倂普成小學校를設立ㅎ얏는디學徒가三百人이오 磚洞에는普成專門科를設立ㅎ얏는디學徒가一百人이오梅洞前中樞院에는普成普通科를設立ㅎ얏는디學徒를方今募集ㅎ는中이라校長은前協辦金重煥氏니所管普校三四處에左旋右酬ㅎ며敎師를延聘ㅎ야校規整肅ㅎ고實心敎導ㅎ니李金兩氏의學校에熱心흠을致賀홀만ㅎ더라

보성소학교(『황성신문』 1905년 5월 31일자)

지에서 전개되던 교육구국운동과 그 연장선에서 이루어졌다고 볼 수 있는 애국계몽운동의 일환으로 전국 각지에서 학교 설립이 매우 활발하게 이루어졌다. '근대교육 시행이 곧 부국강병책'이라는 인식 변화는 사립학교설립운동과 문맹인 청소년을 위한 야학운동을 추동시키는 촉매제나 다름없었다. 경술국치 이전까지 설립된 6,000여 개교에 달하는 근대교육기관은 이를 반증한다. 강화도·개성·포천 등 일부 지역은 학구學

과자장수를 하고 있는 어린이들

㽞에 의한 의무교육을 시행할 정도였다. 이러한 배경에서 보성소학교는 설립되었다.

1910년 일제에 의하여 국권이 침탈당하자, 조선인들의 근대교육에 대한 인식이 크게 변화하였다. 근대교육을 받은 사람들이 나라를 일본에 팔아넘겼다는 것이었다. 이에 따라 근대학교의 입학생 수는 급격히 감소하고 서당교육이 훨씬 광범위하게 이루어지게 된다. 이러한 사정이 다시 변화를 보이는 것은 1919년의 3·1운동이었다. 식민지배에 대한 저항으로 학교에 대한 거부감이 표출되던 1910년대를 지나 3·1운동을 계기로 실력을 양성하는 것이 민족을 위하는 길이라는 명분하에 학교교육이 적극 장려되었다. 이러한 배경에서 당시 사립학교는 민족운동의 일환으로 인식되어 선호되기도 하였다. 그런데 방정환과 그의 삼촌이 보성소학교에 입학한 때는 이보다도 거의 15년 정도 앞선 시기로 학교 교육보다는 서당교육이 선호되던 시기였다.

방정환은 보성소학교를 졸업하지는 못하였다. 11살 때인 1909년 사직동에 위치한 매동보통학교 1학년에 입학하였고 사직동에서 근동으로 이사하여 12살 때인 1910년 10월 미동보통학교 2학년으로 전학하

고희동(『동아일보』 1928년 10월 30일자)

였으며, 1913년 3월 보통학교를 졸업하였다. 그는 2~3학년 때에는 공부를 열심히 하여 학업성적이 좋은 편이었으나 졸업하는 해인 1913년에는 성적이 떨어졌다. 또한 갑甲이었던 조행평가操行評價도 4학년 때에는 을乙로 나빠졌다. 상급학교로 진학할 수 없을 만큼 집안 사정이 어려워져서 학습 의욕을 잃었던 것으로 보인다.

시대적 상황을 고려할 때 방정환과 그의 삼촌이 당시에 선호되던 서당교육 대신 근대학교 교육을 받았다는 것은 흥미로운 사실이다. 그것은 아마도 교육입국조서 반포 이후 정부가 수립하고자 했던 초등교육 중심의 국민교육체제의 수립이라는 정부정책을 읽어낸 방정환 부모의 안목과 시대적 변화에 민감할 수밖에 없었던 상인집안 특유의 시대감각

이 작용했던 것이라 추측된다. 더욱이 그들이 입학한 학교가 미천한 집안 출신의 보부상에서 구한말 정계의 세도가로 출세한 이용익이 설립한 보성소학교였으니, 방정환의 부모 입장에서는 자식 교육에 더 할 나위 없이 좋은 학교라고 판단했을 것이다.

어린 시절의 경험은 성인이 된 이후 그가 청년운동과 아동문화운동을 전개하는데 밑거름이 되었다. 그가 처음으로 활동사진과 환등을 본 것은 그의 집안이 몰락할 무렵인 1907년이었다. 이 무렵 방정환은 어느 화가로부터 환등기 한 대를 선물 받았다. 이 화가는 유명한 서양화가인 고희동高羲東으로 보인다. 방정환의 절친한 친구인 유광렬이 방정환을 회고하면서 그가 고희동으로부터 그림을 배운 적이 있다고 했기 때문이다. 이 무렵 방정환은 자신의 집에 동네 친구들을 불러 모아 홑이불로 휘장을 만들어 걸고 연극 흉내를 내는 날이 많았다.

심지어 출가한 고모집에서 환등대회를 열었다고 할 만큼 대단한 관심을 보였다. 특히 고모집에서 연 환등대회는 고희동이 준 것으로 추정되는 장난감 같은 환등기와 외국 풍경을 찍은 슬라이드 몇 장을 가지고 동네 어른·아이들에게 입장료조로 성냥을 받았다고 하는데 예상 외의 인기를 끈 모양이다. 구경꾼이 너무 많아서 장독이 깨지는 바람에 환등대회를 지속하지 못하고, 문간에서 입장료조로 성냥을 받던 삼촌과 사촌동생과 같이 종아리를 몹시 맞았다고 한다.

이와 같이 그는 어릴 적부터 연극과 환등, 그리고 환등대회 때의 변사 역할을 통해 성인이 된 이후의 청년운동과 문화운동의 기초를 쌓아가고 있었다.

소년입지회의 조직과 활동 02

소년입지회를 통해 토론문화에 다가가다

방정환 일생을 통한 최초의 조직 생활은 1908년 조직된 소년입지회의 활동을 통해 이루어졌다.

지금 태평동에 있는 덕수궁의 대한문 맞은 짝에 최씨라는 우리 동무의 집이 있는데 그 집 방에 석유 궤짝을 뜯어서 거기다가 먹을 칠한 조그만 칠판을 걸고 거기다가 토론문제를 써놓고 하나씩 차례대로 나가서 옳으니 그르니 하고 힘써 토론하였는데 코를 조르르 흘리고 다니는 열 살짜리 많아야 열세 살, 열네 살짜리들이 그때 무슨 소리를 하였는지 지금은 도무지 생각이 나지 않습니다.
공일날마다 빠지는 법이 없이 하였는 고로 나중에는 토론문제가 없어서 새 문제를 얻어오기에 퍽 고생이 되었습니다. 그래서 나중에는 아무 문제나 생각나는 대로 걸어놓고 토론은 하였습니다(요전번에 이 어린이 잡지에 현상토론문제로 내었던 '벙어리가 나으냐 장님이 나으냐' 하는 것과 '물이 나으냐 불이 나으냐' 하는 것 같은 것은 모두 내가 어렸을 때에 그 소년입지회에서 하던 것 중에 생각이 난 것이었습니다).

회원이라 열 명도 못되는 단 8~9명뿐이었건 만은 우리들의 정성은 대단하여서 공일날 되기 전에 문제를 열심으로 연구하여 골라놓고 공일날만 되면 아침에 일찍 그날 물길을 것을 미리 부지런히 길어놓고 그길로 뛰어가고 하였습니다.

가난한 집에서 배고파 울고만 자라면서도 그렇듯 정성으로 모이는 소년입지회가 가엾게도 안타까운 경우를 당하였으니 그것은 그 대한문 앞의 최씨 집이 다른 먼 곳으로 옮겨가게 되어서 방을 쫓겨나게 된 것이었습니다.

아무 주선성 없는 코 흘리는 어린애들이었으니 방이 없어졌으면 그만 저절로 해산해 버리고 말았을 터이었건만 그래도 맹랑한 일로는 그대로 헤어지지 않고 그 조그만 칠판을 손에 들고 행길로 나서서 아무 집이나 이 집 저집을 기웃기웃하고 돌아다니기 시작하였습니다. 사랑방이 있는 집을 보기만 하면 덮어놓고 방을 좀 빌려 달라고 떼를 써 보려고요.

소년입지회의 구성원·조직 목적 등에 대한 언급이 없어, 소년입지회의 구체적인 활동상황을 파악하는 것은 어려움이 있다. 다만 위의 인용문을 통해 소년입지회가 8~9명의 구성원으로 출발하였으며, 다양한 주제에 대해 토론함으로써 어린이들의 사고를 신장시키고자 한 활동을 주된 내용으로 하였음을 알 수 있다.

몇몇 어린이들이 소년입지회를 만들었다며 간판을 내걸고, 석유 상자를 책상과 칠판 삼아, 토론문제를 적어놓고 '시(是)야 비(非)야' 하니, 어른들이 보기에는 장난으로 보였을 것이다. 방정환의 아들 방운용은 「아버님의 걸어가신 길」에서, 그래도 어린이들에게 소년입지회는 어른들한테서 해방된 마음으로 기를 펴고 떠들어 댈 수 있는 자리였고, 생각할 줄 아는 사람으로 자라가게 하는 모임이 되었다고 의미를 부여하였다.

1920년대의 권병덕

이렇게 시작된 소년입지회는 점차 규모가 커져서 1910년에는 회원수가 160여 명으로 증가하였다. 방정환은 이 소년입지회의 총대장으로서 훈련원에서 대운동회를 개최하거나 대한문에서 경축행사를 가기도 하고, 장충단으로 소풍을 가고, 성북동에서 밤줍기 행사를 하는 등 다양한 활동을 전개하였다. 참고로 훈련원은 삼선평과 함께 당시 활성화되었던 운동회가 자주 열렸던 곳이었다. 그러나 겨우 12살밖에 되지 않은 방정환이 이러한 활동을 혼자서 계획하고 실천했다고는 생각되지 않는다. 재정적으로나 조직적으로 누군가의 도움을 받았을 것이다. 이에 대해서는 권병덕의 활동에 대해 살펴볼 필요가 있다.

권병덕은 1908년 시천교 내에 소년입지회를 조직하고 13세 이하의 어린이를 회원으로 일주일에 한 번씩 토론회를 개최하여 아동의 지식을 교환하도록 하였다. 권병덕은 총재로서 소년입지회의 제반 활동을 주관하였다. 시천교의 소년입지회는 방정환이 조직했다고 하는 소년입지회의 조직 시기·활동 내용·회원 자격 등에서 일치한다. 그런 만큼 방정환의 소년입지회와 시천교의 소년입지회는 같은 것이라고 추정된다. 언제까지 방정환이 소년입지회 활동을 했는지 정확히 알 수는 없으나 최소한 그가 선린상업학교를 중퇴한 이후까지라고 확인된다.

새로운 가치관을 정립하다

방정환이 12살 때 소년입지회의 총대장이 되었다는 것은 그가 소년입지회 활동에 매우 적극적으로 참여했다는 것이기도 하겠으나, 그의 아버지 방경수와 권병덕의 친밀한 관계도 크게 작용했을 것이다. 방정환이 160여 명의 유년군 대장이라 한 것도 소년입지회 전체 회원을 의미하는 것이라 생각된다. 이렇게 보면 방정환은 시천교가 조직한 소년입지회의 핵심인물이었음을 알 수 있다.

권병덕은 1906년 일진회一進會를 이끌던 이용구李容九가 창교한 천도교의 분파 시천교에 1908년 입교하였다가 1916년 천도교로 복귀하였다. 이는 곧 방경수에게도 적용된다고 할 수 있다. 즉 의형제인 권병덕과 함께 시천교에 입교한 방경수가 권병덕의 천도교 복귀와 함께 천도교에 귀의한 것으로 보이기 때문이다.

이는 천도교의 연원제淵源制라는 특수한 조직관을 통해 파악할 수 있다. 연원제란 '전도사傳道師와 수도인受道人의 관계는 영생永生의 불변不變

하는 관계가 유有함'이라는 것에서도 알 수 있듯이 천도교의 독특한 종교 조직이었다. 수운 최제우崔濟愚 시기에는 연원이란 스승과 제자 사이에 전수되는 가르침을 의미하였고, 최고의 경지, 즉 신통육예神通六藝의 경지를 도통道統이라 하였다. 다시 말하면 동학의 최고 지도자만이 연원이 될 수 있었다는 의미였으나 동학교도 사이에서는 자신을 전도한 인물을 연원이라 부르는 것이 일반화되어 이를 통제할 필요가 있었다. 이는 곧 동학이 분권적인 방향으로 발전할 수 있는 요인이 되기 때문이었다. 이러한 동학교단의 노력은 성공하지 못하고

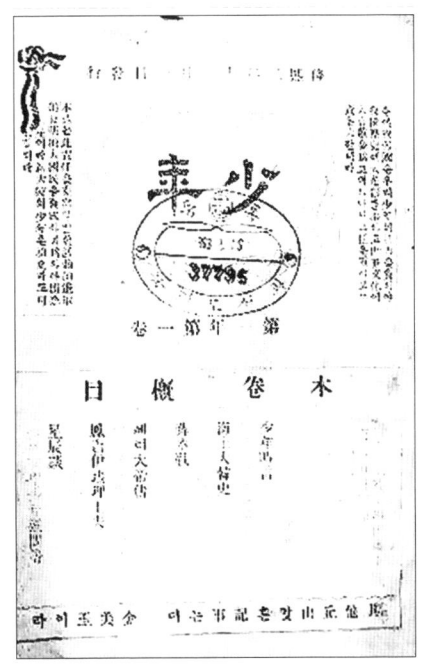

『소년』 1권

의암 손병희孫秉熙가 동학을 천도교로 개편하면서 연원제를 공식적으로 인정하였다. 이러한 연원제에 기반하여 우리나라에서는 다양한 신종교가 탄생할 수 있었다.

권병덕은 3·1운동 민족대표 33인 중의 한 사람으로 본관은 안동이며, 자는 윤좌潤佐, 호는 청암淸菴·정암貞菴·우운又雲 등이었다. 1884년 동학에 입교하여 1894년 동학농민운동 때 손병희와 함께 참가했으나 패배한 뒤 각지를 방랑했다. 손병희가 일본에서 귀국해 세운 천도교에

입교하여 전제관장典制觀長·보문관장普文館長 등을 지냈다. 1912년 시천교侍天敎가 천도교에서 분리될 때 가담하여 시천교 종무장을 지내고, 시천교에서 경영하는 중앙학교 교장에 취임했다. 1918년 다시 천도교로 개종하여 도사道師가 되었다. 1919년 3·1운동에 민족대표의 한 사람으로 서명했다. 이 일로 2년 동안의 옥고를 치른 뒤, 천도교 종리원의 서무과 주임을 거쳐, 중앙교회 심계원장·감사원장·선도사宣道師 등을 지냈다. 저서로 『조선총사』·『이조전란사』·『궁중비사』 등이 있다.

이처럼 권병덕은 천도교 내에서 상당히 비중이 큰 인물이었다. 권병덕과의 관계는 방정환이 천도교 내에서 성장하는 배경으로 작용하였다.

경성청년구락부를 조직하여 활동하다 03

선린상업학교를 중퇴하다

1913년 미동보통학교를 졸업한 방정환은 할아버지의 권유로 선린상업학교에 입학하였다. 이는 경제적으로 몰락한 방정환의 입장에서는 어쩔 수 없는 선택이었다. 당시 선린상업학교를 졸업하면 취직에 손쉬웠다는 현실적인 상황도 고려되었다.

그가 입학한 선린상업학교는 1899년 6월 24일 공포된 관립상공학교 관제에 따라 서울 명동에 설립되어 1904년 관립농상공학교로 개편되어 상과와 공과를 두었다. 1906년 10월 농과는 수원농림학교, 공과는 공업전습소, 상과는 선린상업학교로 분리되어 1907년 4월 개교하였다. 명동에 위치하던 선린상업학교는 1913년 현재 위치하고 있는 용산구 청파동으로 이전하였으며 1951년 선린상업고등학교, 1997년 선린정보산업고등학교로 교명이 변경되었다가 2000년에는 선린인터넷고등학교로 교명을 바꾸었다.

선린상업학교(『황성신문』 1907년 4월 1일)

이 학교에 입학한 것은 할아버지의 권유에 의한 것이었으므로 방정환은 학업에 뜻이 없었다. 당시 방정환은 적성에 맞지 않는 상업학교 공부보다는 신문화를 흡수하기 위한 독서에 주력하였다. 14살 때인 1914년을 전후로 최남선이 발간한 『소년』·『붉은저고리』·『새별』 등을 탐독했다. 『새별』을 제외한 다른 잡지는 이미 폐간된 이후이므로 가난한 처지에 고물상이나 헌책방에서 어렵게 구해보았다.

그러던 중 방정환은 졸업을 1년 앞둔 시기에 부모와 선생의 만류를 뿌리치고 선린상업학교를 중퇴하였다. 최영주崔泳柱에 따르면 당시 학교에서는 방정환에게 1년만 더 다니면 조선은행 서기로 넣어 주겠다며 중퇴를 만류했다고 한다. 이후 방정환은 어느 사석에서 이처럼 회고했다.

그때 더 다녔으면 조선은행에서 만년서기 노릇을 하였을 걸세.

일본에 망명 중인 천도교 간부들(1914)

 방정환이 학교를 중퇴한 시기는 일제가 조선을 강점한 이후 전국적으로 지세地稅나 기타 조세의 기초를 삼기 위하여 설치한 토지조사국에서 지적대장을 만들기 위해 많은 사람들을 고용하는 시기였다. 그래서 방정환은 토지조사국에 사자생寫字生으로 취직하고, 독학을 하기로 결심하였다. 사자란 측량사들이 측량 작업을 하면서 적어놓은 기록과 지적도에 필요한 토지에 관한 각종 기록들을 토지조사부에 정확히 정자로 옮겨 적는 일이다.
 사자생의 임금은 하루에 20전, 한 달에 대략 5원 내외였다. 1910년 80kg 쌀 1가마의 가격이 대략 5~6원이었다고 하니 이 시기 사자생이

방정환 가족기념(1917)

받은 월급은 쌀 1가마를 사지 못하는 수준이었다.

이러한 형편 속에서 방정환은 유광렬이라는 평생의 지기를 만났다. 방정환과 유광렬이 절친한 친구가 될 수 있었던 것은 둘 다 빈한한 가정에서 태어나 어렵게 고학하는 형편이 같았기 때문이다. 사자생이었던 방정환과 유광렬은 적은 월급으로 도저히 여숙에서는 살 수 없어, 여러 나그네들과 함께 자는 주막방에서 생활하였다. 또한 식사도 각각 2전짜리 호떡과 비지 한 그릇으로 해결할 수밖에 없었다.

유광렬의 회고에 따르면 방정환은 자신을 끔찍이 생각해주었다고 한다.

고대광실(손병희의 집)에 살며 비단옷 입고 지내는 그는 초라한 시골청년이 찾으면 밥을 겸상을 하여 먹고 신혼이라 신부와 신정新情이 아쉬운 때이련만 내외 함께 덮던 비단이불을 들고 나와서 사랑에서 나와 함께 잔 것은 심상한 우정이 아니었다.

뿐만 아니라 그들은 가슴속에 품은 야망도 비슷하였다. 이 시기 방정환은 몸이 허약하고 말랐었는데, 오늘날 떠올리는 풍채가 있는 모습은 결혼 후 보약을 먹고 난 뒤의 일이다.

경성청년구락부에서 청년운동을 주도하다

방정환과 유광렬은 이후 경성청년구락부에서도 함께 활동하였다. 경성청년구락부는 1917년 회장 이복원李復遠, 부회장 이중각李重珏을 선출하고, 문예부·체육부·음악부 등을 두었다. 유광렬은 경성청년구락부의 회원이 1918년에 18~19세의 청소년 200여 명이라고 했다. 그러나 유광렬은 다른 글에서 회원들이 15~16세의 소년들이었다고도 했다. 이렇게만 보면 경성청년구락부는 방정환이 소년입지회 활동의 연장선에서 조직한 것이 아닌가 판단된다. 즉 소년입지회의 회원 자격이 13세까지이므로 소년입지회를 졸업할 정도의 나이인 14세부터의 청소년들로 조직한 것으로 짐작된다.

유광렬은 자신과 방정환·이중각·이복원 4명이 경성청년구락부의 '사천왕'이 되어 주도하였다고 했다. 특히 유광렬은 방정환의 절친한 친구로 조직을 논의했을 때부터 함께 하였을 것이다. 그런데 『조선일보』

는 방정환과 이중각이 경성청년구락부를 발기했다고 보도하였다. 이것으로 보아 경성청년구락부는 방정환·이중각이 주도하고, 이복원·유광렬은 협조자로서 활동하였다고 생각된다.

방정환이 이복원과 이중각을 회장과 부회장으로 추대한 것은 다음과 같은 그의 판단 때문이었다.

내가 회장이 되어서는 일을 맘대로 할 수 없으니 차라리 그대(유광렬)와 나는 테두리 밖에서 일하는 것이 낫겠다.

특히 학부대신 이용직의 조카뻘 되는 이복원, 나라를 위해서라면 목숨을 아끼지 않고 나설 수 있는 됨됨이를 가지고 있었다. 때문에 방정환은 그를 회장으로까지 추대하였던 것이다. 이후 이복원은 1925년 흑기연맹사건에 연루되어 1년의 징역을 언도받고 복역 중 서대문형무소에서 옥사하였다.

이중각은 1895년 12월 23일 출생하였으며, 호는 일해一海이다. 그는 1920년 2월 16일 서울의 천도교당에서 김광제金光濟·문탁文鐸·권덕상權德相·정규환·노병희盧炳熙·류석태柳錫泰·김영만金榮萬·박무병朴武炳·이종만 등과 함께 조선노동대회朝鮮勞働大會를 발기하였다. 조선민단朝鮮民團은 김영만·이종만·홍갑표 등 89인이 '물산장려·상부상조·인권 평등에 의한 세계 평화의 확립'을 목적으로 서울 종로중앙청년회관에서 창립한 단체로서 조선노동대회의 별동대였다는 평가를 받았다. 또한 이중각은 서울파 고려공산동맹의 창립 중앙위원이기도 했다.

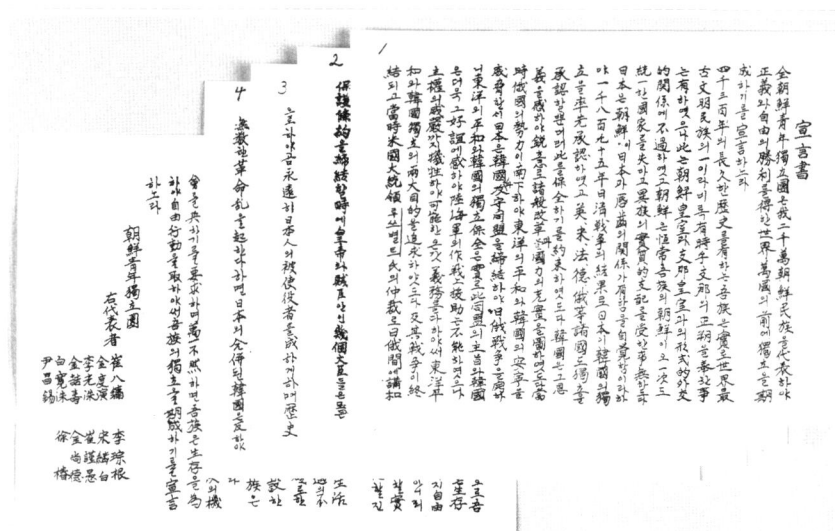

2·8독립선언서(1919년 2월 8일)

『신조선』 기자였던 그는 1920년 3월 이달李達·김만수金萬洙 등과 도쿄東京에서 3·1운동 1주년을 기념하는 시위를 계획하였고, 일본 제국의회에 독립청원서를 제출하려다 체포되었으나 면소 받았다. 그러나 이에 그치지 않고 같은 해 7월 경성기독교회관에서 개최된 조선민단의 강연회에서 강사 박무병·임종연林鍾淵 등에게 독립사상을 선전해달라고 부탁하여 또 체포되었다. 그는 보안법 위반으로 징역 8개월을 선고받았다.

이후 자유노동조합 집행위원으로 활동하다가 의열단 활동과 관련하여 체포되었고, 일제의 고문으로 정신이상이 되자 이를 비관하여 1923년 3월 26일에 자살하였다.

경성청년구락부는 음악회 개최·연극 공연·회원의 친목을 도모하는 모임을 개최하는 등 활동을 하면서 기관지 성격을 갖는 잡지 『신청년』을 발간하였다. 경성청년구락부가 개최한 강연회에는 강매姜邁의 「신청년」, 박일병朴一秉의 「하나」·「벽력霹靂과 춘풍」, 심정신의 「시대의 요구」 등을 주제로 삼았다. 1921년 5월 28일에는 종로중앙청년회관에서 김일선金一善 심판으로 '우리의 이상理想을 발휘發揮함에는 붓이냐 말이냐'라는 주제로 현상 대토론회를 개최하였다. 또 1918년 12월 봉래동 소의昭義소학교에서 개최된 경성청년구락부의 송년회에서는 방정환이 쓰고 연출·주연한 '○○령(동원령)'을 공연했다. 이 작품은 방정환의 첫 자작극이라 할 수 있다.

이와 같은 경성청년구락부의 활동은 1920년대 초 우리 민족운동의 흐름과 일치한다. 3·1운동을 계기로 일제는 식민지 조선에 대한 통치 방식을 '무단통치'에서 '문화통치'로 변경하였고, 이에 따라 우리 민족운동의 공간은 상대적으로 넓어졌다. 즉 일제는 언론·출판·집회·결사의 자유를 상대적으로 확대시켰고, 한글 신문과 잡지의 발간을 허용하였다. 이렇게 확대된 민족운동 공간 속에서 다양한 형태의 민족운동이 전개될 수 있는 기반을 마련했다. 경성청년구락부는 이러한 조건 속에서 강연회와 음악회, 그리고 잡지 『신청년』을 발행할 수 있었다.

『신청년』 발간으로 문화운동 기틀을 다지다

『신청년』은 1919년 1월 20일 창간되어 1921년 7월 15일 간행된

6호까지는 확인되나 이후의 발행 유무에 대해서는 알려지지 않고 있다. 『신청년』은 주도층의 성격이나 잡지 내용으로 보아 2기로 구분되는데, 제1기는 창간호부터 3호까지, 제2기는 4호부터 6호까지이다. 제1기는 방정환·유광렬·이중각·김선배金善培 등이 주도하였으며, 제2기는 박영희朴英熙·나도향羅稻香·최승일崔承一 등이 주도하였다. 제1기에는 사회운동적인 성격이 강했다고 하면 제2기에는 문예적 경향이 보다 현저해졌다. 이는 경성청년구락부의 주도층의 교체와 사회주의의 수용에 따른 민족운동 방법론의 다양화 등에 따른 것이라 생각된다.

　『신청년』 창간은 1919년이지만, 창간호 이전에 회원들에게 소식지 혹은 기관지를 등사판으로 발간하였다. 이를 바탕으로 기관지를 발행할 자금을 동분서주하여 구한 결과 『신청년』을 창간할 수 있었다. 『신청년』 창간호와 제2호는 주위의 사정이 허락지 않아 영풍서관을 발행기관으로 하였으나 제3호부터는 경성청년구락부가 발행기관임을 명백히 알렸다. 이는 3·1운동 이후 문화통치가 실시된 결과 한글 신문과 잡지의 발행이 허가된 것과 직접적인 관련이 있었다.

　유광렬에 따르면 경성청년구락부는 비밀결사로 조직하기로 하였다고 한다. 방정환의 아들 방운용도 지하운동 조직이라고 표현하였다. 이러한 주장은 사실이 아닐 가능성이 높다. 앞에서 본 바와 같이 경성청년구락부의 활동은 신문지상에 보도되기도 하고 활동 내용도 계몽적인 성격을 띠는 등 비밀결사체로 보기엔 많은 한계를 그대로 보여준다. 다만 이들이 처음 조직을 논의할 때 비밀결사에 대한 논의를 할 수는 있었을 것이나, 경성청년구락부의 조직 과정과 제1기 『신청년』의 사회운동적 성격으로 볼 때 경성청년구락부는 일종의 사회운동 혹은 민족운동을 합법적으로 수행하고자 했던 것이라 이해된다.

이중각이 발기했던 조선노동대회와 이복원이 관여하였던 흑기연맹은 각각 사회주의와 무정부주의에 입각하여 활동한 단체였다. 더욱이 『신청년』의 제2기 주도층이던 박영희와 최승일은 후에 카프KAPF의 맹원이 되므로 경성청년구락부는 3·1운동 이후 이들이 새로운 사상을 수용하는 모태가 되었다고도 할 수 있을 것이다.

『신청년』과 경성청년구락부의 운영 자금은 어떻게 마련되었을까? 이에 대해 1920년 5월 12일 『조선일보』 기사에서는 방정환과 이중각의 노력에도 『신청년』 발간 자금은 회원들이 십시일반으로 해결했다고 보도하였다. 반면 유광렬은 『신청년』과 경성청년구락부의 운영 자금은 방정환이 마련했다고 주장했다. 주목되는 부분은 두 주장이 모두 방정환을 거론하고 있다는 사실이다. 『신청년』과 경성청년구락부의 운영 자금 마련에 방정환이 어떠한 형태로든 관여하고 있음은 명백한 것으로 판단된다. 이렇게 보면 천도교는 천도교주 손병희의 사위인 방정환을 통해 『신청년』과 경성청년구락부에 운영 자금을 지원했다고 보인다.

박영희는 다음과 같이 최승일이 『신청년』 발행 비용을 대었다고 주장하였다.

1919년 『신청년』지를 내기로 하고 최승일군이 그 비용을 내기로 하여 한 호를 내어놓고 그 다음 호를 내려고 군은 군의 부친에게 잡지의 취지를 이야기하고 비용을 청구하여 보았으나 한문이라야 문장으로 아는 그

전조선 노동대회 회의광경(1924년 3월 13일)

의 부친은 그들의 문장에서 가치를 인정해주지 않을 뿐 아니라 비용 청구에 대하여서도 거절을 당하게 되매 최군은 너무 속이 상하고 걱정이 되어 그 열화熱火가 몰려 넓적다리에 큰 종기가 되고 말게 되니 군의 부친도 하는 수 없이 제2호의 발행 비용을 내어놓았다.

이로 보아 경성청년구락부와 『신청년』은 천도교와 최승일의 후원으로 유지되었던 것이라 생각된다. 특히 천도교가 자금을 지원한 것은 『신청년』과 경성청년구락부의 지향성과 일정한 관련이 있다고 보인다. 당시 천도교는 문화운동으로 운동방향을 전환하고 있을 때였다. 조선농민사 등의 농민운동기관 지원과 『개벽』을 비롯한 다양한 잡지를 간행하는 등 청년층에 대한 관심도 높았다. 따라서 문화운동이라는 운동론과 방정환의 『신청년』과 경성청년구락부는 방향성이 일치하고 있었다고 생각된다. 이러한 연유로 천도교는 『신청년』과 경성청년구락부에 자금을 지원한 것으로 추측하여 볼 수 있다.

손병희의 사위가 되다 04

손병희의 사위가 되다

방정환이 3·1운동 당시 '민족대표 33인' 중의 한 사람인 손병희의 셋째 사위였음은 이미 알려져 있다. 그가 어떠한 과정을 거쳐 손병희의 사위가 되었고, 사위가 된 이후 그의 삶이 어떻게 변화되었는가에 대해서는 그리 잘 알려져 있지 않다. 이것은 그의 삶의 궤적을 살펴보는데 중요한 부분임에 틀림없다.

방정환은 19살에 손병희의 셋째 딸 손용화와 결혼하였다. 결혼 이후 그는 이전과는 전혀 다른 세계에서 살게 되었다. 9살 때 집안이 몰락한 이후 제대로 먹지 못해 몸이 허약하고 말랐던 방정환은 부유한 손병희의 집에 살며 비단옷을 입게 되었다. 또한 처가의 후원으로 꿈에도 그리던 일본유학을 떠나는 등 '별천지'와 같은 일상사였다.

방정환이 손병희의 사위가 된 경위는 권병덕의 중매에 따른 것이었다. 손병희가 천도교 내에서 존재조차 미미하던 방정환을 사위로 낙점한 것은 무엇 때문일까. 이에 대해서는 부인 손용화가 다음과 같이 증언하였다.

손병희 동상(탑골공원)

당시 여기저기에서 중매가 들어왔지만 아버님께서 천도교인에게 시집보낸다고 해서 언젠가 권병덕 선생께서 그이를 소개하게 되었지요. 그래서 먼저 저의 외7촌 되시는 홍병기洪秉箕 선생께 선을 보이게 되었어요. 그런데 바싹 마른 체구에 눈만 매섭게 생겼기 때문에 일단 거절하고 돌려보냈지요. 그러한 이야기를 아버님께서 들으시고 직접 선을 보시겠다고 해서 다시 보게 되었어요. 그래서 아버님께서는 어려워하는 그이에게 '고개를 들어 나를 똑바로 쳐다보라'고 하셨다 합니다. 아버님께서는 그이를 돌려보낸 후 '어쩌면 사람이 그렇게까지 마를 수 있느냐'고 하시니까 권병덕 선생께서 '사람은 똑똑하나 어렸을 때 너무나 굶주려서 마른 것이므로 잘 먹으면 괜찮을 것입니다'라고 말씀드렸대요. 아버님께서는 그이를 어떻게 보았는지 결혼을 승낙하셨고 아버님의 생신날인 1917년 4월 8일, 그러니까 그이가 19살, 제가 17살에 결혼식을 올렸어요.

반면 유광렬은 약간 다른 견해를 보인다. 그가 방정환과 가장 절친한 사이라는 점에서 신빙성을 더한다.

어느 날 손선생이 선을 보겠다고 좀 오라고 하여 가서 공손히 절을 하였더니 여러모로 본 후에 "네 눈을 좀 이편으로 떠 보라"며 모으로 뜨기를 명령하였다. 그대로 눈을 떴더니 손의암은 아무 말 없이 "정하였다"고 하였다는 것이다.

인적 교류관계를 넓히다

동학 이래 천도교는 혈연과 혼인을 중시하였다. 최시형崔時亨의 아들 최동희의 손위 처남은 교단 원로인 홍병기洪秉箕이며, 최동희의 동생인 최동호崔東昊의 장인도 교단 간부인 오지영吳知泳이다. 1910년대 중반 이후 교단의 주도권을 놓고 최동희와 경쟁하던 정광조鄭廣朝는 손병희의 사위였다.

이러한 전통은 그대로 이어졌다. 손병희는 자신의 딸들을 천도교의 유력 집안과 결혼시켰다. 셋째 사위 방정환을 비롯하여 맏사위는 '민족 대표 33인'의 한 사람인 정암 이종훈李鍾勳의 아들 이관영李寬永이다. 그는 1905년 을사늑약 이후 이완용의 집에 방화하고 1907년 경기도 용문산에서 의병으로 일본군과 전투 중 사망하였다.

둘째 사위 정광조는 한성부 출신으로 일본 망명 시절 손병희가 두 번에 걸쳐 일본에 유학시킨 교인의 자제 64명 중의 한 사람이었다. 1919

최린

년 3·1운동 당시 손병희의 측근으로서 사전 모의 과정부터 깊숙이 가담하여 천도교 대종사장大宗司長이라는 직책을 맡고 권동진權東鎭·오세창吳世昌·최린崔麟·박인호朴寅浩 등과 함께 실무를 보았으며, 사후 수습을 위해 민족대표에서는 빠졌다. 그는 3·1운동을 사실상 주도한 뒤 곧바로 의친왕 탈출을 꾀한 대동단大同團사건에 연루되어 체포되어 서대문형무소에서 심한 고문을 받고 석방되었다.

1920년에는 천도교인 신숙申肅을 대한민국 임시정부에 파견하고 군자금을 제공하는 등 임시정부와 연계를 도모하였다. 천도교 기관지 『신인간』 발행에도 천도교 교무책임자로서 핵심적인 역할을 하였다. 그러나 손병희 사후 교권 및 사회운동의 방향을 놓고 최린 중심의 신파와 이에 반대하는 구파로 분파 과정에서 손병희의 사위로서 교단 내 상당한 실력자이던 정광조는 이론가 이돈화李敦化와 함께 최린의 손을 들어주어 신파 세력에 큰 힘이 되었다. 천도교 신파가 대세론이라는 타협적인 노선을 내세워 1934년 조선총독부의 지시를 받아 설립한 시중회에 가입하면서 태평양전쟁 시기까지 일제에 적극 협조하였다. 정광조는 1942년에 천도교 교령으로 뽑히는 등 교단 원로로 활동하고 있었다. 1941년 발족한 조선임전보국단·국민정신총동원 천도교연맹·국민총력 천도교연맹 등에 천도교의 대표로 참여하는 것을 비롯하여 전시체제 하 일제의 침략정책에 협력하

오세창·권동진·이종린

였다.

　이렇듯 이관영과 정광조는 각각 방정환의 맏동서와 둘째 동서였다. 방정환의 부인인 손용화와 그의 친구인 유광렬의 증언이 공통되는 점은 손병희가 직접 방정환을 선보고 사윗감으로 결정한 사실이다. 여기에 손용화는 손병희가 방정환을 보기 전에 홍병기가 먼저 선보았다는 점을 말하며 보다 구체적으로 설명하고 있다.

　또한 당시 방정환이 홍병기에게 일차적으로 거절당한 이유를 바싹 마른 체구에 눈만 매서운 그의 외모 때문이라 하였다. 그러나 손병희는

천도교 중앙총부(경운동)

그를 선보면서 그의 눈빛에서 무언가 가능성을 본 것이 아닌가 한다. 그렇지 않았다면 가정적으로나 종교적으로 거의 볼 것이 없는 그를 자신의 사위로 낙점할 이유가 없기 때문이다. 방정환은 이렇게 손병희의 사위가 됨으로써 천도교 내에서의 입지가 크게 강화되었다.

　이러한 그의 인맥 형성은 그가 이후 사회운동과 민족운동을 전개하는데 큰 자산이 되었다. 천도교는 당시 조선 최대의 종교로서 막대한 사회적 영향력을 행사하였다. 자금과 조직은 그의 주요한 활동의 기반이 되었다. 또한 일본 유학을 할 수 있었던 결정적 계기도 여기에서 찾을 수 있다.

일본 유학을 가다 05

도요대학에 입학하다

방정환이 일본에 유학 간 것은 1920년 9월 중순이었다. 그의 글 「달밤에 고국을 그리워하며」에서 그의 도쿄 도착 시기를 추정할 수 있다. 다음 글은 1920년 9월 26일에 썼다.

> 고국을 떠나 풍토 다른 이역에 원객이 되어 객관 고창에 고국을 그리워하는지 어느덧 10여 일이다.

또 우공又公이라는 사람은 9월 14일에 방정환을 만나 악수를 나누었다고 하였다. 이로 보아 방정환이 도쿄에 도착한 것은 최소한 1920년 9월 14일 이전이 된다.

그가 도쿄에 간 것은 대략 두 가지 이유가 있었다. 하나는 도요東洋대학에 입학했기 때문이고, 또 다른 하나는 천도교청년회 도쿄지회를 창립하는 문제였다. 이외에도 그는 도쿄에 머물면서 잡지『어린이』를 창간하고, 색동회 창립과 각종 집필 활동을 하였다.

도요대학은 제학문의 기초는 철학에 있으며 독립자활과 지덕겸전의 정신에 입각하여 1887년 이노우에 엔료井上圓了가 세운 철학 학교인 사립철학관私立哲學館이 전신이 되어 설립된 대학이다. 이노우에는 당시 일본에서 팽배하던 서양의 것이 최고이자 최선이라는 인식을 우려해서 서양철학이 아닌 신교神敎·유교儒敎·불교佛敎 등 동양철학을 중심으로 교육할 목적으로 이 대학을 설립하였다.

일반적으로 방정환은 도요대학 철학과 혹은 아동문학과에 입학하여 아동교육과 아동심리를 공부하였다고 알려져 있다. 그가 도요대학에 입학했을 때에는 이러한 학과가 존재하지 않았다. 방정환이 도요대학 학생이 될 무렵 학제는 4년제인 대학부(인도철학윤리학과, 중국철학동양문학과)와 3년제인 전문학부(윤리학교육학과, 윤리학동양문학과, 문화학과, 사회사업과)가 있었다. 방정환이 입학한 학과는 전문학부 문화학과였다. 그는 도요대학의 정식 학생이 아니라 청강생이었다.

그가 입학한 문화학과는 도요대학이 1921년에 개설하여 정규학생 90명과 청강생 83명이 입학하였다. 조선인 학생은 정규학생 3명과 청강생 40명이었다. 특히 청강생의 절반가량이 조선인이었다. 이는 도요대학 문화학과가 조선인 학생에게 매우 인기가 있었다는 것을 의미한다. 이유는 처음으로 창설된 학과이기 때문에 입학하기 쉬울 것이라는 생각도 있었겠지만『도요대학 100년사』에는 학과 구성이나 교원의 매력 때문이라 생각된다고 서술되어 있다. 특히 교원의 매력이라는 서술에 대해서는 보다 심층적으로 의미로 찾아볼 필요성을 느낀다.

당시 도요대학 문화학과에는 야나기 무네요시柳宗悅라는 교수가 있었다. 야나기는 1889년에 태어나 일본의 문예운동을 일으킨 사상가이자 미학자·종교철학자로서 학습원을 거쳐 도쿄제국대학에서 영어권의 종교철학을 전공하였다. 그는 대학 재학 중 동인지 그룹 시라카바白樺에 참여하였으며, 일상생활에 기반한 민예품에 주목하여 민예운동을 일으켰다. 그는 1919년에 3·1운동이 발발하자 조선총독부의 탄압에 대해 다음과 같이 비판했다.

"반항하는 그들보다도 더욱 걱정되는 것은 박해하는 우리들이다."

또 1920년 4월 12일부터 18일까지 6회에 걸쳐 『동아일보』에 「조선인을 상想함」이라는 글도 연재하였다. 4월 19일과 20일에는 「조선 벗에게 정呈하는 서書」를 게재했다. 5월 15일에는 휘문고보 졸업생들로 조직된 문우회文友會 주최로 휘문고보에서 '종교와 예술에 의지하라'는 주제로 강연을 하였다. 이를 시작으로 그는 1921년 6월에도 동아일보사의 초청으로 중앙기독교청년회관에서 '민족과 예술의 관계'라는 주제로 강언히였으며, 1922년에도 경성 일본기독교회당에서 강연회를 개최하였다. 1921년 12월에는 일본에서 10여 년의 경험을 바탕으로 조선에서도 서구의 명화名畵를 소개하는 서구명화복제전람회를 개최했다.

당시 대부분의 일본 지식인이 조선문화에 흥미를 보이지 않는 중 도자기 등 조선미술에 주목하고 조선의 도자기와 고미술품을 수집하였다. 1924년에는 경성에 조선민족미술관을 설립하였다. 조선민화 등 우리나라의 미술문화에도 깊은 이해를 하고 있었으며, 경성의 도로 확장을 위해 조선총독부가 경복궁의 광화문을 파괴하려 하자 그것에 반대·항의하는 평론 「사라지는 한 조선 건축을 위하여」를 잡지 『개조改造』에 기고하여 커다란 반향을 불러일으켜 광화문의 파괴를 막았다. 또한 그는 도요대학의 분교를 경성에 설치하기 위한 활동도 전개하였다.

이처럼 야나기 무네요시는 조선과 조선인에 대해 동정적인 논설과 활동을 전개하여 당시 조선의 지식인들에게 상당한 신망을 얻고 있었다. 이러한 이유 때문에 그가 재직하던 도요대학 문화학과에 조선인 유학생들이 몰렸을 것이다.

이와 함께 또 다른 이유는 다음과 같은 도요대학 문화학과의 신설 취지에서 찾을 수 있다.

> 현금의 사상문제를 논하는 일반 경향이 항상 철저한 근거를 빠뜨리는 아쉬움이 있고, 또 현대 교육상 철학적 상식 보급의 결여에 염려되는 바 있어 문화학과를 신설하여 철학을 중심으로 문화 및 사회문제를 연구 대상으로 하고 신문화의 의의를 영득하려는 것

따라서 신문화운동으로 전환을 서두르고 있던 천도교의 입장에서는 문화와 문화 연구에 대한 새로운 방법론의 습득이 긴요하였다고 할 수 있다. 그런데 방정환은 1921년 4월 9일 도요대학 문화학과의 청강생으로 입학한 지 1년만인 1922년 3월 30일 자퇴하였다.

도요대학 문화학과에 적을 둔 방정환의 학교생활이 어떠하였는가에 대해서는 자료 부족으로 확인할 수 없다. 다만 이 시기에 그는 천도교청

년회 도쿄지회 조직에 매진하였고, 잡지 『개벽』의 도쿄 특파원으로서 활동하였다. 또한 1921년 2월 말부터 10여 일간은 민원식閔元植 암살미수사건에 연루되어 수감되어 있었다. 이처럼 그는 공부 이외의 활동으로 매우 바빠서 공부를 열심히 할 수 없었다. 때문인지 그는 1922년 3월 도요대학을 자퇴하였다.

학교를 자퇴한 후 바로 조선으로 귀국하지는 않았다. 그가 귀국한 것은 1923년 9월 무렵으로, 도요대학 자퇴 이후 1년 반 정도의 기간을 일본에서 더 보냈다. 이 기간 동안 그는 여전히 천도교청년회 도쿄지회를 중심으로 해서 5월 1일 창립되는 어린이단체 '색동회' 조직에 힘을 기울였다. 잡지 『어린이』를 색동회의 창립 일정에 맞추어 1923년 3월 창간하였다. 소년운동과 관련된 그의 초기 활동은 모두 일본에서 이루어졌다.

이 기간 동안 그는 오하시大橋도서관을 오가며 많은 작품들을 읽었다. 그리고 번역 동화집인 『사랑의 선물』을 비롯한 번안과 창작을 왕성하게 하였다.

연극활동에 매진하다

한편 천도교청년회 도쿄지회장으로서 1921년 9월 도쿄에서 조직된 천도교 청년극회에도 관여하였다. 이 극회는 1921년 해월 최시형이 동학의 도통을 계승한 날을 기념하는 지일기념일에 천도교 총부에서 '신생新生의 일日'을 공연한 이래 평양·진남포를 거쳐 다시 경성에서 공연하는 등 흥행에 성공했다. 1923년 방정환은 천도교소년회 동화대회에서 '식객'이라는 서양소설을 번역하여 연극으로 공연하였다.

이에 대해 어느 평론가는 이렇게 말했다.

"비직업적 배우가 그만큼 하면 직업적 이상이라고 하지 않을 수 없다. 방정환군의 '식객'은 아마 어느 극장에 가더라도 그만한 기능을 볼 수 없을 듯하였다."

천도교 청년극회가 어떠한 단체인지는 확실히 알려진 바가 없다. 특히 1931년 7월 28일 『동아일보』에 게재되어 있는 일본유학생회에서 연극하던 방정환의 사진으로 보아 일본유학생회와 천도교 청년극회가 동일한 단체일지도 모른다는 추측도 있을 수 있다. 두 단체가 같은 단체이던 다른 단체이던 방정환이 유학중에도 연극 활동을 전개하였음은 명백하다. 이와 같은 그의 연극 활동에 영향을 준 것은 일본유학생들로 조직된 극예술협회였다. 이 단체 회원들과 교류를 통해 방정환은 일본에서 연극 활동을 할 수 있었다.

극예술협회는 1920년 봄, 김우진·조명희·유엽·진장섭·홍해성·고한승·손봉원 등 도쿄 유학생 20여 명이 조직했다. 이들은 매주 토요일에 모여 셰익스피어·체호프·하우스만 등의 작품을 연구·토론하였다. 1921년 도쿄에 있는 학생·노동자 모임인 '동우회同友會'의 부탁에 따라 이론만 공부해온 것을 무대에서 실제로 공연한다는 것과 고학생을 돕겠다는 두 가지의 뜻으로 여름방학을 이용해 7월 9일부터 8월 18일까지 부산·김해·목포·평양 등지에서 공연한 뒤, 경성의 경성기독교청년회YMCA 회관에서 해산하였다. 또한 1923년 '형설회순회연극단'을 만들어 일본 스루가다이駿河臺 회관에서 시연회를 가진 뒤, 그해 7월 6일부터 8월 1일까지 국내 순회공연을 했다. 극예술협회의 회원들 가운데 상당수는 이후 카프의 전신인 염군사焰群社나 파스큘라에 가입하여 신경향파 문학, 더 나아가 사회주의문학에 종사하였다. 따라서 이 극예술협회와의 교류를 통해 방정환은 사회주의를 본격적으로 접할 수 있었다고 판단된다. 그리하여 방정환이 잡지 『개벽』의 편집에 관여한 이후 김기진 등 사회주의 성향의 필자를 비교적 다수 확보할 수 있는 인적 기반을 마련하고 있었다. 이는 곧 『개벽』에 신경향파적 작품이 다수 수록되는 배경이 되었다.

다른 한편 방정환은 도요대학 유학 중 이기정李起貞·정중섭鄭重燮·박달성朴達成·고한승高漢承·신형철申瑩澈·설의식薛義植 등과 교유하였다. 이 중 정중섭만이 인도철학윤리학과의 제2종생이었고, 나머지는 모두 전문학부 문화학과의 보통 청강생이었다. 이들 중 이기정·정중섭·박달성 등은 천도교청년회 도쿄지회의 발기인이었다. 고한승과 신형철은 소년운동과 개벽사 사업에 참여하였다. 이외에도 도요대학에는 잡지 『신청년』의 발간에 재정적 지원을 한 무용가 최승희의 오빠인 최승일이 대학부 1과에 재학 중이었다. 이 외에 도요대학에는 1920년 도쿄에서 조직된 극예술협회의 동인이며 1920년대 사회주의문학의 대표자 중의 하나인 조명희가 대학부 인도철학윤리학과에 재학 중이었다.

도요대학 유학생 이외에도 방정환은 많은 사람을 사귀었다. 예를 들면 그는 일본에 간 지 3개월 정도 후인 1921년 신년을 맞아 유학생 30여 명을 초대하여 윷놀이하고 노래도 부르며 설날 기분을 냈다.

이때 참석한 사람은 김도연金度演·연학년延學年과 제국대학의 '유兪' 등의 이름이 보인다. 김도연은 일본 게이오慶應대학 경제학과와 미국 콜럼비아대학을 졸업하였으며, 뉴욕 아메리카대학에서 경제학박사 학위를 취득하였다. 도쿄에서 유학했을 때 대한독립당에 참여하고, 2·8독립선언에 주도적으로 참가하여 2년 6개월의 투옥생활을 하였다. 미국에서 귀국 후 조선어학회사건에 연루되어 다시 2년간 투옥되었다. 해방 이후 연희전문학교 강사·조선흥업회사 사장·한국민주당 총무·초대 재무부장관 등을 역임하였다.

연학년은 연극단체인 토월회의 멤버로서 근대 연극과 스케이트·정구 등의 스포츠에 상당한 업적을 남긴 인물이다.

제국대학의 '유'는 아마도 유억겸兪億兼이라 생각된다. 그는 서울 출신으로 유길준兪吉濬의 차남이었다. 어려서부터 할아버지에게 한문을 배웠으며, 1909년 계산학교桂山學校를 졸업한 뒤 일본으로 건너가 도시샤同志社 중학교와 교토京都관립제삼고등학교에서 수학하였다. 1920년 도쿄대학 법학부를 졸업하고 귀국하여 중앙고등보통학교에서 학생들을 가르치다가 같은 해 9월부터 연희전문학교 상과에서 법학을 강의했다. 1923년에 연희전문학교 학감으로 재직하다가 1934년에 부교장을 겸임하였다. 특히 체육에 관심이 깊어, 그의 주선으로 연희전문학교 주최 전국중학교체육대회를 매년 개최하기도 했다. 1938년 흥업구락부사건興業俱樂部事件으로 일제에 의하여 서대문경찰서에서 3개월 동안 옥고를 치른 뒤 기소유예로 나와 연희전문학교 교수직을 사임한 후 1937년부터 변호사업을 시작하였다. 1941년 윤치호尹致昊가 연희전문학교 교장이 되면서 서무부장으로 복직되었다가, 1942년 9월 일제의 사립학교 탄압이 가중되자 다시 사임했다. 해방 후 연희전문학교의 교장에 취임하여 학교의 기틀을 마련하고 이어 기독교청년회 회장을 지냈으며, 1946년에는 미군정의 문교부장에 취임하였다. 또한 1920년에서 1947년까지 제8대·10대·12대 대한체육회 회장을 지냈으며, 각종 국제회의에 우리나라 대표로 참석하였다.

이처럼 방정환에게 일본 유학은 새로운 사상과 학문의 수용과 함께 도요대학의 인맥, 극예술협회의 인맥 등 일본 유학파라는 보다 폭넓은 인맥을 형성하는 소중한 시기였다. 이들 중 상당수가 귀국 이후 방정환의 동지로서 활동하였다. 특히 1920년대 초중반 『개벽』에 사회주의계열의 인물들이 직원으로 근무하고 작품을 게재한 것도 이와 관련하여 시사하는 바가 크다. 편벽되지 않는 사유는 폭넓은 사회활동과 민족운동을 병행하는 밑바탕이었다.

양근환의거를 지원하다

다른 한편, 방정환은 일본 경찰의 중요 감시대상이었다. 그가 요시찰인이 된 것은 그 자신의 성향도 있지만, 그의 장인인 손병희와의 관계가 크게 작용했다. 그가 일본으로 건너간 지 얼마 되지 않아, 그는 경찰에 구금당하였다. 1921년 2월 16일 민원식이 식민지 조선의 참정권문제를 일본 제국의회에 청원하기 위해 도쿄에 머물 때 양근환梁槿煥이 제국호텔에서 민원식을 처단된 사건에 연루되었기 때문이다.

양근환(1921)

민원식은 1919년 3·1운동 직후에 「소요의 원인과 광구예안匡救例案」이라는 제목으로 1919년 4월 9일부터 16일까지 8회에 걸쳐 조선총독부 기관지인 『매일신보』에 연재하면서 3·1운동을 맹비난하였다. 1920년 일제가 문화통치의 일환으로 민간신문의 발행을 허용하자 자신이 조직했던 협성구락부協成俱樂部를 국민협회國民協會로 개칭하고 기관지로 4월 1일 『시사신문』을 창간하였다. 창간 후 『시사신문』은 조선총독부의 시정방침에 대해 노골적으로 지지하였고, 『동아일보』와도 대립하였다. 이듬해인 1921년 제국의회에 조선인의 참정권 청원을 목적으로 일본에 건너갔다가 2월 16일 도쿄 제국호텔에서 양근환에게 처단 당하기에 이르렀다. 그가 죽자 『시사신문』은 휴간되었고, 이후 『시사평론』이라는 월간지로 발행되었다.

민원식 처단사건의 주인공 양근환이 천도교신자라는 사실 때문에 방정환을 비롯한 천도교청년회 도쿄지회 주요 간부들이 사건의 배후로 지목되어 구금되었다. 방정환은 1921년 4월 『개벽』에 수록된 「은파리」의 전문前文에서 자신이 '불령선인不逞鮮人'임을 스스로 말하였다.

뜻밖의 일로 수십 일이나 철창 속에 지내다가 나와서 몸도 피곤하지마는 제일 누구의 집에 찾아갈 겨를이 없다. …… 불령 파리의 이 입으로 무슨

공판받는 양근환(1921년 6월 11일)

험담이 나오는가?

그와 함께 일본 경찰에 체포되었던 박달성은 「철창에서 느낀 그대로」에서 다음과 같이 말하였다.

속담에 신수가 사나우면 자빠져도 코가 깨어진다더니 번민고통이 많은 몸이라 그런지 일본 와도 역시 한 모양 번민고통 뿐이외다. 나는 어디까지 백白을 주장하는데 세상은 야속하게도 흑黑이라 혐의嫌疑하니 어린 가슴이 얼마나 울렁거렸으며 자기 딴은 선善을 주主한다 자처하거늘 피彼는

악惡에 종從하였다 주목하니 남모르는 느낌이 얼마나 많았으리이까. 스스로 곰곰 생각하매 죄가 누구에게 있음을 종시終是 모르겠소. 다만 조선 청년된 것인 죄인 듯싶소이다. 그 밖에는 아무리 생각하야도 죄罪될 것이 없소이다.

방정환 역시 박달성의 이러한 심정과 마찬가지였을 것이다. 양근환과 그 어떠한 모의도 준비도 하지 않았던 이들이 일본 경찰에 체포된 것은 이들이 '조선청년'일 뿐만 아니라 '천도교 신자'였기 때문이었다. 그만큼 당시 천도교는 일제의 철저한 감시 아래 놓여 있었다.

"호-상 오갸상데스요(방씨, 손님 왔어요)."

반드시 2층에까지 올라와서 손님 오셨다고 전해주는 주인 여자가 이렇게 아래층에 서서 소리만 올려 보내는 때는 형사가 온 것이다.

"아니요, 계신지 안계신지만 알려고 그런 것인데 청해 내리기까지 할 것 없습니다."

으레히 형사는 쩔쩔매면서 창황히 구는 것을 방정환은 2층에서 듣는다. 형사는 방정환이 집에 있는지 어디 나가고 없는지 그것만 주인에게 알아보려고 하는 노릇인데 눈치 빠른 여인이 형사의 얼굴만 보면 이층으로 통지 먼저 하니까 창황히 구는 것이다.

방정환은 일본 경찰에 항시적으로 감시받고 있었다. 그를 감시하던 사람은 주오대학中央大學 법과에 다니는 젊은 형사와 늙은 형사 2명이었다. 이들은 등교할 때부터 퇴교할 때까지 방정환을 감시하였다. 특히 그가 일시 귀국하기 위해 도쿄에서 경성까지 여행하는 과정에는 관할구역에 따라 다른 형사들로 교대되었다. 이는 일본 경찰이 방정환을 어떻게 관리했는가를 잘 보여주는 사실이다. 따라서 그의 일본 유학생활은 그리 유쾌하지만은 않았다.

06 천도교청년회 활동을 하다

천도교청년회 문화운동을 지원하다

3·1운동을 지도적 위치에서 전개한 천도교는 3·1운동 이후 일제의 가혹한 탄압을 받았다. 손병희를 비롯한 천도교 측 민족대표 15인 외에도 천도교는 박인호와 금융관장 노헌용, 보성사 간부 김홍규, 서울대교구장 장기렴 등도 체포·투옥됨으로써 한동안 천도교 중앙총부가 폐쇄된 채 교무행정마저도 강제로 중지되어 기능이 한때 마비될 정도였다. 또한 지방 교구와 전교실 역시 이와 다르지 않았다.

이와 같은 상황에서 천도교는 이를 타개하기 위한 방안을 마련해야 했다. 더욱이 일제가 식민지 조선에 대한 지배정책을 문화통치로 변경하면서 언론·출판·집회·결사의 자유를 제한적이나마 허용하자 천도교는 이를 적극적으로 이용하였다. 그리하여 신지식을 수용한 천도교의 젊은 지도층을 중심으로 1919년 9월 2일 경성에서 이돈화·정도준·박래홍·박달성 등이 천도교청년교리강연부(이하 교리강연부)를 조직하였다. 교리강연부에 대해 천도교는 다음과 같이 매우 높은 기대를 하였다.

> 교리강연부는 오교吾敎의 우익羽翼이라. 우익이 유有하여야 능히 운제雲霽에 비할 것이요, 교리강연부는 오교吾敎의 이목耳目이라. 이목이 유하여야 능히 천시天視를 시視하면 천청天聽을 청聽할 것이요, 교리강연부는 오교吾敎의 수족手足이라. 수족手足이 유하여야 능히 행동의 자유를 득할 것이요, 교리강연부는 오교의 주즙舟楫이라. 주즙이 유하여야 능히 대해大海를 이섭利涉할 것이요, 교리강연부는 오교의 간성干城이라. 간성이 유하여야 능히 외모外侮를 방어防禦할 것이요, 교리강연부는 오교의 동량棟樑이라. 동량이 유하여야 능히 대하大廈를 건축할 것이다.

방정환은 박래홍·손재기·이돈화·황경주·최혁·박용회와 함께 교리강연부의 간의원으로 선출되어 교리강연부 지도부의 일원으로 활동하였다. 교리강연부는 창립 후 3개월 만에 진남포·진주·정평·박천·청주·강동군 삼등·강동·성천 등에 지부를 설치했다. 조직 후 7개월이 지나면서 전국에 교구가 있는 곳에는 거의 지부를 설치하였다. 1920년 4월에는 보다 구체적이면서 적극적인 운동을 목표로 하여 천도교청년회라 개칭했다. 천도교청년회는 1920년 6월에는 개벽사를 설립하여 이돈화·박달성 등이 중심이 되어 월간지 『개벽』을 발간하고 연원제의 존폐 문제를 둘러싼 논쟁과 지방 지회에 대한 중앙 본부의 통제력 상실 등의 문제로 1923년 9월 2일 발전적으로 해산하고 이돈화·김기전·박사직·조기간·박래홍 등의 발의에 따라 천도교청년당을 창당하였다. 이

단체는 인내천의 원리하에서 보국안민·포덕천하를 실행하고 지상천국을 건설하는 것을 목적으로 삼았다.

천도교청년당의 당원은 초창기에 17세 이상 49세까지 남녀교인으로 하고 3단계 조직으로 구성했다. 1924년 4월 주옥경·김우경·손광화 등에 의해 여성단체인 천도교내수단이 창립되고 100여 지방 지부에 8,000여 명의 단원을 포용하였다. 같은 해 6월에는 김동수·배정도 등에 의해 천도교학생회의 효시인 천도교 재경학생친목회를 조직하였다. 1925년 10월에는 김기전·박사직·조기간·이성환 등이 중심이 되어 범사회적 성격을 띤 조선농민사를 조직하자 천도교청년당은 적극적으로 후원하였다. 천도교청년당은 1924년 12월 말 각 부문별 운동으로 지방단체 120여 개, 당원 3만여 명에 달했다.

이러한 과정은 천도교가 문화운동으로 민족운동의 방향을 전환한다는 것을 의미하였다. 천도교는 문화운동을 통해 인간의 정신적 가치를 변혁하여 사회를 변혁시키려 하였다. 그렇기 때문에 문화운동론에서는 신사상을 수립하고, 신인간을 형성하며 민족개조를 중요시하였다. 이러한 인간의 변혁에는 무엇보다도 교육이 중요시 되었다. 따라서 문화운동에서는 교육운동을 중요시하지 않을 수 없었다.

교육방법은 정규교육기관인 학교와 준교육기관인 강습소를 이용하거나 강연 등을 활용하는 문제로 귀결되었다. 정규교육기관인 학교는 경제적 어려움으로 설립도 어려웠을 뿐만 아니라 유지도 어려워 학교의 수는 많지 않았다. 그렇기 때문에 작은 규모로 쉽게 설립할 수 있는 강습소와 서당 등의 준교육기관·사설교육기관과 교육시설에 별로 제한을

천도교내수단 강연(1925년 1월 31일)

받지 않는 강연 등을 통한 교육이 중시되었다.

   천도교를 비롯한 당시의 민족운동 진영에서는 1920년대 초반부터 각지에서 강연회를 개최하였다. 특히 1920년에서 1923년까지는 강연회의 개최가 가장 왕성했다. 천도교 역시 마찬가지였다. 천도교청년회를 비롯한 천도교의 각 부문운동기관에서는 강연 활동을 활발히 전개하였다. 특히 1926년 신·구파의 분립 이후 천도교청년당에서는 전국 종리원에 교리敎理와 교사敎史의 천명을 위해 시일학교侍日學校를 설립하도록 하였다. 이때 방정환은 시일학교의 유년부와 소년부 위원이 되었다. 이후 천도교청년당의 유소년부 위원으로서 지속적으로 활동하였다. 또한 1930년 12월 23일 천도교청년당과 천도교청년총동맹으로 분립되었던 양 단체가 제1차 합동을 결의하고 1931년 2월 16일 천도교청우당을 창당하였다. 이때에도 방정환은 유소년부 위원으로 선임되었다. 당시에는 방정환의 건강이 악화되던 시기였으므로 활동이 예전과 같이 못하였다고 생각된다.

천도교청년회 도쿄지회장으로 활약하다

방정환은 천도교청년회의 전신이라 할 수 있는 교리강연부의 간의원으로서 천도교청년회의 조직을 앞두고 일본으로 유학을 떠났다. 이는 방정환이 천도교청년회의 조직에 대해 알고 있었거나 일정한 정도로 개입하고 있었다는 것을 의미한다. 따라서 일본 유학을 위해 도쿄에 도착한 방정환은 1921년 천도교청년회 도쿄지회의 설립을 추진하였다.

도쿄지회는 1921년 1월 10일 발기인 대표 방정환을 비롯하여 김상근·이기정·정중섭·박달성 등이 발기한 후 1월 16일 오후 1시 와세다早稲田 츠루마키쵸鶴巻町 302호 대선관大扇館에 모이라고 광고하였다. 여기에는 방정환·김상근·이기정·정중섭·이태운·박춘섭·김광현·박달성 등 10여 명이 모였다. 참석하지 못한 5~6명은 주소와 성명을 통지하였다. 이때 모였던 인사들은 천도교인으로서 천사天師님께 맹세를 고하고 우의를 돈독히 하며 교리를 철저히 연구하기 위하여 일정한 장소에서 시일예식을 하기로 결정하고, 천도교청년회 도쿄지회 설립을 위해 천도교청년회 본부에도 후원을 요청하기로 결의하였다.

1921년 4월 5일 수운 최제우가 동학을 창도한 것을 기념하는 천일기념식을 올리고 오후 3시부터 코이시카와쵸小石川町 차고 앞에 있는 보정寶亭 2층에서 천도교청년회 도쿄지회 발회식이 개최되었다. 보정의 문기둥에는 궁을기가 내걸리고 정면에는 '천도교청년회 동경지회발회식'이라고 하는 간판이 걸렸다. 회장 방정환의 개회사에 뒤이어 내빈으로는 학우회 회장 김종필, 동우회 회장 김봉익, 동아일보 특파원 민태원, 매일신보 특파원 홍승서, 각 대학 동창회 대표, 여자흥학회 회장 유영준 등이 참석하였고, 10여 명의 축사가 있었다.

천도교청년회 도쿄지회 외에도 도쿄에는 1922년 1월 천도교 도쿄전교실이 설치되었다. 도쿄전교실의 주요 구성원은 방정환을 비롯하여 민석현·박달성·이기정·김상근·이태운·구중회·고경인·박영환·강영호·김의진·배기원·정일섭·정중섭 등이었다. 박사직은 도쿄전교사로 임명되어 1922년 7월 부임하였다.

이렇게 조직된 천도교청년회 도쿄지회는 1921년 여름방학을 이용하여 3개 반의 강연대를 조직하여 천도교 진리의 선전과 현대사상의 고취를 목적으로 조선 각지를 순회하는 강연회를 조직하였다.

07 사회주의사상을 수용하다

다양한 이념을 수용하다

사회주의가 우리 민족운동에 수용되고 영향을 끼치기 시작한 것은 잘 알려져 있듯이 3·1운동 이후부터였다. 우리 민족 최초의 사회주의 조직은 1918년 6월 26일 이동휘가 독립운동의 숙원을 달성하고자 러시아 정부의 원조를 얻기 위해 하바로프스크에서 결성한 한인사회당으로 알려져 있다. 이는 우리나라의 사회주의가 독립운동의 수단으로서 수용되었음을 의미한다.

이러한 사회주의에 대해 당시 신지식층은 광범위한 관심을 보였다. 당시 『동아일보』와 『조선일보』를 비롯한 조선 내의 신문·잡지 등은 소비에트혁명과 소비에트 러시아에 대한 다양한 기사를 통해 조선 민중에게 새로운 이념으로서 사회주의를 소개하였다. 이러한 분위기 속에서 3·1운동을 통해 드러난 민족주의자의 투항주의적이고 패배주의적인 모습에 일반 민중은 큰 실망을 하였다.

이러한 상황 속에서 학생들이 중심이 된 젊은 지식인들 사이에서는 새로운 이념, 즉 사회주의에 대한 연구가 급속도로 퍼져나갔다. 그 결과 일본 유학생을 중심으로 사상운동이 점차 확대되어 1921년 11월 29일 원종린元鍾麟·임택룡林澤龍·김약수金若水·박열朴烈·백무白武 등이 무정부주의적 성격의 재일조선인 최초의 사회주의 단체인 흑룡회黑濤會를 조직하였다. 그리고 1920년 1월 결성된 조선고학생동우회를 장악한 김약수·박열·원종린·임용택·정태성鄭泰成·김사국金思國·정태신鄭泰信 등 사회주의적 성향의 인물들에 의해 사회주의는 점차 유학생들 사이에 전파되었다.

이동휘

사회주의는 곧 조선에도 전해져서 1922년 1월 19일 윤덕병·김한·신백우·원정룡(원우관)·이혁로·이준태·백광흠·진병기·김달현·김태환 등 19명의 발기로 무산자동지회가 조직되었다. 이는 무산자 해방을 목적으로 한 조선 내 최초의 사상운동단체로 기관지 『무산자無産者』를 발간하였다. 이어 1923년 1월 도쿄에서 조직된 북성회北星會는 1925년 일월회日月會로 개칭하였다. 일월회로 개칭하기 전인 북성회는 조선 내에 사회주의를 전파하는 데 주력하여 1923년 8월 1일부터 7일간 서울·평양·광주·대구·마산·진주·김해 등지에서 강연회를 개최하였다. 북성회는 1924년 북성회의 국내본부인 북풍회北風會를 조직하였다. 한편 1923년 7월 7일 홍명희·홍증식·윤덕병·김병희·이재성·이승복·조규수·이준태·강상희·구연흠·홍덕유·원우관·박순서·김찬·박일병·김홍작 등의 발기로 홍수와 같이 팽배하게 불어오는 신사상을 연구하여 조리 있는 갈피를 찾아보기 위하여 신사상연구회가 조직되었다. 신사상연구회는 1924년 11월 19일 화요회火曜會를 개칭하면서 종전의 연구단체에서 행동단체로 전환할 것을 결의하였다. 화요회는 1925년 조선공산당 창립의 핵심단체가 되었다.

한편 3·1운동 이후 민족주의의 주류가 세계 개조의 신기운에 즈음하여 우리도 민족개조를 촉진해야 한다는 개량주의적이고 문화적인 민족운동을 부르짖자 각지에서 청년단체가 출현하였다. 이러한 가운데 조선청년회연합기성회는 1920년 6월 28일 조직되었다. 이 단체는 전국의 청년단체를 지도할 목적으로 1921년 1월 27일 서울청년회를 조직하였다. 즉 서울청년회가 조직될 당시에는 사상단체가 아니라 민족주의적 성격의 단체였다. 서울청년회의 주요 간부였던 김한·이영·김사국·김명식 등이 주도권을 장악함으로써 사회주의적 성격을 갖게 되었다. 이 서울청년회는 화요회계열과 대립하면서 조선의 청년운동을 주도하여 나갔다. 이러한 사회주의는 노동운동·농민운동·학생운동·여성운동 등 다양한 부문운동에도 급격히 침투하여 1920년대 중반 이후 우리 민족운동의 중추적인 위치를 점하게 되었다.

이들 사회주의자들은 민족주의자들의 문화운동을 공격하였다. 즉 1922년부터 집중적으로 전개된 물산장려운동은 자본가의 이익을 대변하는 운동, 민립대학설립운동은 가난한 농민의 문제를 해결할 수 없는 것이라고 비판했다. 그리하여 기존의 문화운동을 전개하던 인물들 가운

데에서도 이성환李星煥과 같이 사회주의적 성향을 띠는 사람들이 나타나기 시작하였다. 이성환은 1925년 조선농민사 설립의 주역인데, 조선농민사에는 국기열·김준연·이봉수·한위건·이순탁·홍명희 등 사회주의자들이 참여했다. 나아가 천도교청년당 중앙위원회는 1925년 4월 결정된 일반정치노선에 따라 국제적인 농민단체인 크레스틴테른과의 접촉을 시도하기에 이르렀다.

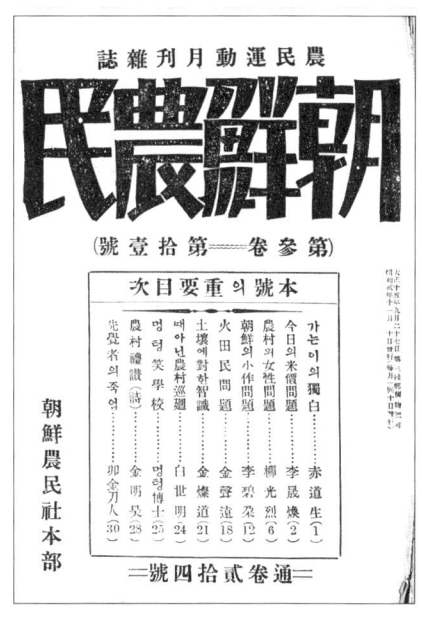

농민계몽을 위한 『조선농민』

방정환도 이러한 흐름에서 예외는 아니었다. 방정환과 함께 경성청년구락부를 주도하였던 이복원과 이중각은 사회주의적 성향의 인물이었고, 일본 유학시기 그는 김찬·김영팔·김기진·이익상 등 다수의 사회주의자들과 교류하고 있었다. 또한 그는 박영희의 추천으로 잡지 『백조』 동인으로 참여하였고 박영희는 방정환의 추천으로 개벽사에 입사하는 등 방정환의 주변에는 사회주의자들이 많이 있었다. 더욱이 『어린이』에는 김기진·박영희·송영·박세영 등 사회주의 문학가들의 작품도 자주 수록되었다. 특히 1928년 발간된 『어린이』 12월호에 송영의 「쫓겨간 선생님」을 게재했다는 이유로 방정환은 유치장 신세가 되기도 하였다.

조선농민사 농촌문제 대강연회(1928년 7월 9일)

그는 특히 김찬과 각별하였던 것 같다. 제1, 2차 조선공산당 사건을 피해 국외로 망명·활동하다가 국내로 잠입하였던 김찬이 1931년 5월 구속된 직후인 잡지 『혜성』 1931년 7월호에 「김찬은 어떤 인물인가」라는 특집이 마련되었다. 이 특집에는 방정환의 「호방한 김찬」을 비롯하여 김경재의 「내가 본 김찬」, 박달성의 「동경에서 본 김찬」 등이 게재되었다.

방정환은 이 글에서 김찬과의 사이에서 있었던 몇 가지 일화를 소개하였다. 어느 날 방정환과 김찬의 일행이 강연회에 가는 도중, 김찬이 길거리에서 사회주의 서적을 도둑질하였다. 책 주인이 쫓아오며 서라고 소리를 지르자 김찬은 이렇게 말했다.

"사회주의 책을 나 같은 무산자가 가져다가 보는 것이 잘못될 것 무엇 있소."

방정환은 김찬이 자신의 집을 찾아온 이야기도 서술했는데, 이것은 방정환과 김찬의 교류가 매우 활발했음을 보여준다.

박달성에 따르면 방정환이 김찬과 처음 만난 것은 천도교청년회 도쿄지회의 창립 이후 대략 1921년 4월 중순쯤이다. 1923년 3월 천도교청년회 주최로 '현하의 동양 대세에 관한 시국강연회'가 개최되었을 때, 김찬은 '현하의 극동'이라는 주제로 강연을

『혜성』 창간호

하였다. 1923년 5월 1일 어린이날을 맞아 열린 소년문제 강연회에서 김찬은 '러시아의 소년'이라는 연제로 강연을 하기도 했다. 1923년 어린이날을 준비하기 위해 결성된 '조선소년운동협회'의 중심 조직이 천도교소년회이고, 그 조직의 중심인물이 방정환과 소춘小春 김기전金起田이라는 점, 일본에서 방정환과 김찬이 긴밀한 교류를 가졌다는 점을 종합해 볼 때, 김찬이 이 두 강연회의 연사로 초청된 데에는 누구보다도 방정환의 역할이 컸으리란 것을 쉽게 짐작할 수 있다.

방정환과 김찬은 상당히 친하게 지냈으나 방정환이 귀국 이후 김

찬이 어떠한 일을 하였는지는 잘 알지 못한다고 한 것으로 보아 그가 1931년 무렵 사회주의와 관계를 멀리하고자 했음을 알 수 있다. 이상과 같은 사회주의자들과의 관계는 천도교청년회 도쿄지회·극예술협회·도요대학 등에서의 활동과 밀접한 연관성을 지닌 문제로 볼 수 있다.

방정환의 친구 관계는 방정환의 사상에 일정하게 영향을 미친 것으로 보인다. 그가 남긴 일련의 작품 속에는 사회주의적 경향이 없지 않다. 물론 이러한 경향은 1920년대 초반의 지식인이라면 대부분 갖고 있기도 하다. 이는 식민지의 현실을 극복하고자 한 당시 지식인의 사상적·이념적 편력의 과정이라고 보아도 좋을 부분이다. 방정환의 문학을 연구한 염희경은 방정환의 문학을 카프식의 계급문학과는 다른 민중문학이라고 평가하였다. 그가 말하는 민중문학이란 계급주의 문학가들에 의해 본격적으로 등장하는 계급문학과 동일한 성격은 아니지만 넓은 범위에서 볼 때 문예를 통해 민중의 절실한 이해와 요구를 담아내고자한 문학이었다.

방정환은 "전민족적으로 무산계급에 속한 조선의 대중"이라고 하였다. 여기서 민중은 '조선의 대중'을 뜻한다. 그러므로 방정환의 문학은 민중문학이라 할 수 있다는 것이다. 이에 대해 한기형은 방정환의 문학에 대해 다음과 같이 평가하였다.

"엄혹한 식민체제의 검열제도 아래서 민족운동의 한 방편으로 대중문화의 외피를 이용할 수밖에 없었던 당대의 정황을 드러내었다."

방정환은 이러한 생각을 밑바탕에 두고 1921년도『개벽』4월호의「깨어가는 길」을 번역하였다.

가장 취미 있고 가장 유익한 이야기로 나는 이 일편을 소개한다. 이것은 현금 일본 사상계에 유명한 사카이 도시히코堺利彦씨의 작인데 이제 나는 그 전반(일본역사에 관한 것)을 약제略除하고 요지만을 우리말로 번역하였다.

이 글은 계급과 사유재산, 국가와 사회주의자의 발생 과정과 사회주의 혁명에 대해 우화를 통해 설명하고 있는데, 이는 사회주의 이론을 쉽게 풀어 쓴 내용이었다. 이 글에서 사회주의자를 상징하는 빨갱이에 대해서는 다음과 같이 말하였다.

"예전에 우리가 힘을 합하여 몹시 강하였다. 그리고 촌을 위하여 좋지 못한 짓을 하는 놈이 있으면 촌에서는 여럿의 힘으로 그 놈을 죽이지 않았느냐. 그런데 지금은 촌의 힘이 점점 약해졌다. 그것은 촌에 좋지 못한 놈이 있는 까닭이다. 그러나 그 놈이 강하다 하여도 그 힘이 강한 게 아니라 삼발이 같은 토지의 힘을 가진 놈이 있고 꼽추 같은 그물의 힘을 가진 놈이 있고 원억이 같이 돼지의 힘을 가진 놈이 있으니까 그 놈들에게서 그 나쁜 힘만 빼앗아 버리고 여럿이 다 같이 일을 하기로 하고 일 아니하는 놈에게는 먹이지 않는 것이 제일 상책이라고 빨갱이의 말은 이러하였다."

"그러니까 벌서 오초란 놈이 노래를 부른다. 빨갱이란 놈은 예전 미개한 세상으로 도로 뒷걸음질 쳐 가서 살자는 놈이라고……"

이번에 빨갱이가 대답하였다.

"우리들은 결단코 예전 시대로 뒷걸음질하자는 것이 아니라 앞으로 나아가자는 것이라. 힘을 합하는 자는 강해지나니 해촌인이 산촌인 하고 미워하지만 해촌인과 산촌인 힘을 합치면 싸움도 없어지고 수비도 파수도 다 소용없이 될 것이다. 그리고 놀고먹는 사람 없이 다 같이 일을 하면 하루에 두 시간 이상 일을 할 필요가 없을 것이라고……"

『개벽』「풍자기」에서는 1921년 4월과 11월호에서 각각 다음과 같이 말하였다.

"부지런히 일하는 놈은 빈한해지고, 박해를 당하고, 편히 노는 놈은 점점 금고가 커지는 게 사람의 세상이다. 놈들이 사회, 사회 하지만 원래 사회를 만든 원료의 반분인 여자를 거저 부리고, 거저 가두고, 거저 박대하는 게 사람이란 놈들의 세상이다.

아무려나 덮어놓고 거짓말 잘 하는 놈은 성공하고 참말만 하고 거짓말 할 줄 모르는 바보들은 자꾸 밀려서 살 수 없게 되는 게 사람의 세상이다.

아무렇게나 거짓말 많이 해서 돈 모은 놈들이 제 마음대로 휘젓고 함부로 사람을 부려먹고 저희끼리만 태평가를 부르는 게, 놈들의 세상이다.

착한 사람들이 부지런히 노동해서 모은 돈을 거짓말로 속여서 빼앗은 것이 재산이다. 유산자가 무산자의 힘을 빌고, 그 상당한 보수를 주게 되기까지는 그 말이 옳은 말이다. 그렇지만 그 옳은 말을 하는 놈들은 곧 잡아다 가둔다. 이게 사람의 세상이다."

"보통이면 그렇게 거짓말 많이 하고, 사람 잘 속이고 하는 놈은 법이라는 게 차별을 할 터인데, 당신네 사는 세상은 그렇지를 아니하고, 거짓말도 할 줄 모르고 남의 것 속여 빼앗을 줄도 모르고, 그저 제 팔 제

힘으로 제가 벌어먹을 줄만 아는 사람은 거의 세상에 살 자격이 없는 것같이 점점 밀리고 눌리고 빼앗기고 하여 없고 추위에 벌벌 떨게 되고 도리어 거짓말 잘 하고 남을 많이 잘 속이는 놈이 성공가이니 자본가이니 하고 영화롭게 지내게 되니 그 점이 아나 사람의 세상의 특점인가 봅니다. 그런 세상에 사니까 대감도 퍽 다행하시지요?"

1920년대 초 방정환은 사회주의에 대해 긍정적인 태도를 보였다. 방정환을 비롯한 1920년대 초 지식인들이 사회주의에 대해 호감을 가졌던 것은 3·1운동 이후 조선 민중에 대한 영향력이 쇠퇴하던 민족주의에 대한 대안을 모색하는 과정에서 나타난 과도적인 현상이기도 하였다.

사회운동 기반을 구축하다

방정환 역시 이러한 흐름에서 벗어나지 않았다. 그는 『개벽』을 중심으로 문화운동을 전개하기 전인 1910년대 후반 『신청년』과 『녹성綠星』을 통해 대중문학을 표방하며 번역과 창작을 비롯해 잡지 발간 활동을 전개한 바 있었다. 그가 1910년대 후반 『신청년』을 발행하는 한편 1919년 12월 서대문 밖에 방 한 칸을 얻어 우리나라 최초의 영화잡지로 추정되는 『녹성』을 발행하였으나 판매가 부진하여 폐간하였다. 이 잡지는 영화잡지라는 점에서 기본적으로 대중잡지의 틀을 벗어나지 않는다. 따라서 그가 『신청년』·『녹성』 발행과 후술할 탐정소설의 번안과 창작 등을 통해 대중문학, 곧 민중문학을 지향했음을 알 수 있다. 이러한 그의

『별건곤』

문학에는 일본 유학시절 수용하였던 사회주의사상의 영향이 일정하게 반영되고 있었다고 추정된다.

방정환과 사회주의의 관계는 1920년대 중반 소년운동의 이념과 주도권 행사와 어린이날 행사 등의 문제로 사회주의와 대립으로 파탄되었다고 하는 것이 일반적이다. 그러함에도 그는 1926년 12월 『별건곤』에 탐정소설 「누구의 죄罪」를 번안하여 게재하였다. 이 작품은 단순히 독자의 흥미를 끄는 괴살인사건을 다룬 것이 아니라 물질의 노예가 되어 있는 사람들을 경고한다는 의미가 있었다.

이를 두고 몇몇 연구자들은 방정환이 여전히 사회주의적인 경향을 보인다고 하였으나 이는 사회주의의 영향이 아니라 동학·천도교 사상의 표현이라 보는 것이 옳다고 생각된다.

즉 동학은 폐정개혁안에서 전제개혁을 주장하였으며, 교조 최제우 초기부터 유무상자有無相資라 하여 그의 제자 중 능력 있는 자들로 하여금 가난한 자를 위하여 적극 돕도록 하였다. 이러한 초기 동학의 공동체적 분위기가 빈궁한 자들을 동학에 입교시키는데 중요한 역할을 하였다. 더욱이 최제우의 순도 이후에도 유무상자의 전통은 수십 년간 지하

조직으로 존립했다. 이와 같이 동학·천도교의 사상을 바탕으로 방정환은 사회주의를 접했던 것으로 이해된다.

더욱이 천도교는 민족과 계급을 하나로 이해한 사회주의자들과 연계하면서 계급의식의 필요성을 주장하였고, 궁극적으로는 계급단계를 초월하는 것에 목적을 두었다. 즉 사회주의를 일방적으로 수용한 것이 아니라 천도교라는 종교의 입장에서 사회주의를 이용하고자 했던 것이 아닌가 한다. 그리하여 천도교는 사회주의와 연대 속에서 조선농민사의 크레스틴테른(국제적색농민조합) 가입을 추진하였던 것이라 생각할 수 있다. 이때 천도교의 기관지라

개벽사 전경(방정환·이정호·최영주·윤석중)

할 수 있었던 『개벽』에서는 1925년 11월 박진순의 글을 통해 크레스틴테른을 소개하였다. 이 과정 속에서 천도교는 서울·상해파 공산주의자들과 제휴를 도모했다. 이는 서울·상해파 공산주의자들이 국제주의적 성격이 강한 화요파공산주의자들보다 민족주의적 색채가 강했기 때문이었다고 할 수 있다.

이렇게 보면 천도교주 손병희의 사위인 방정환이 사회주의를 수용한 것은 천도교사상 속에서 사회주의를 주체적으로 이용하고자 했던 것이

천도교 재단의 개벽사 임직원들

며, 이 연장선 속에서 사회주의자들과 교유한 것으로 이해할 수 있다. 방정환과 함께 초기 천도교 소년운동을 이끌었던 김기전은 사회주의에 대해 이렇게 말했다.

"사회주의를 주장하는 것은 곧 노동자, 농민의 친구이다. 민중에게로 돌아가자. 공장으로 돌아가고 농촌으로 가자."

이는 사회주의자들도 마찬가지였다. 당시 식민지 조선의 가장 큰 종교였던 천도교를 민족운동에 끌어들이는 것은 민족운동의 역량을 한층 강화하는 것이었기 때문이다. 이에 대해 양명은 다음과 같이 말하였다.

6·10만세운동으로 서울 태평로를 메운 시민들

순종황제

"금일의 조선에는 민족주의와 사회주의의 대립이 민중의 요구의 반영이 아니요, 다만 사상 경향의 차이에 불과한 것이니 어느 민족주의자든지 물어보라. 그는 사회주의자의 정강보다 다른 것으로 대답하지 못할 것이다. 어느 사회주의자든지 물어보라. 그는 민족주의자의 말과 크게 다를 것이 없을 것이다."

이러한 분위기 속에서 1926년 조선의 마지막 황제 순종의 장례식을 기해 전개된 6·10만세운동은 사회주의자와 천도교가 협동전선을 전개할 수 있는 계기가 되었다. 나아가 1927년 조직된 신간회에도 천도교 구파를 중심으로 한 천도교인들이 신간회의 한 축으로 참여하였다. 이는 천도교가 사회주의를 민족운동의 동반자로 판단하고 있었음을 의미한다고 생각된다.

민족운동에 참여하다 08

3·1운동을 측면에서 지원하다

손병희의 사위가 된 방정환은 천도교를 통해 민족운동에 대한 관심이 커졌다. 손병희는 당시 민족운동의 거두로서 각종 정보를 통해 세계정세와 민족운동의 흐름에 대해 정통하였다. 더욱이 손병희가 교주인 천도교는 동학농민운동·진보회운동 등을 통해 각종 사회문제와 민족문제를 주도적으로 해결하고자 하였다.

천도교는 일제의 조선강점이라는 상황을 타개하기 위한 방법을 내부적으로 강구하고 있었다. 옥파 이종일李鍾一이 쓴 『묵암비망록默庵備忘錄』을 통해 보면 천도교는 일제의 조선 강점 직후인 1912년부터 농어민을 중심으로 한 민중운동을 전개하기로 결정하였다. 즉 1912년 10월 31일 총재 손병희, 회장 이종일, 부회장 김홍규, 제1분과위원장 권동진, 제2분과위원장 오세창, 제3분과위원장 이종훈 등을 중심으로 한 민족문화수호운동본부를 조직했다. 또 1914년 8월 31일 보성사 내에 이종일을

이종일 유묵

단장으로 한 천도구국단이라는 비밀결사를 조직하였다. 천도구국단은 제1차 세계대전에서 일본의 승패를 분석하면서 일본이 패전하였을 경우 조선은 독립할 것이라 예측하고 그러한 상황이 도래할 때 천도구국단이 정권을 담당할 모체가 될 수 있도록 준비하고자 하였다.

운동방법은 민족문화수호운동본부와 마찬가지로 민중시위운동을 채택했다. 천도교단 내의 독립운동 준비가 이와 같이 준비되어가자 손병희는 1918년 9월 9일 독립운동을 거행할 것을 지시하였으나 독립선언서가 준비되지 않아 일정을 미루었다. 그리고 이듬해 3월 1일, 기독교·불교 등과 연합하여 시위를 전개하였다.

黙菴備忘錄 卷一

光武 二年(一八九八年) 戊戌年 開國五○七年

一月

新年賀禮

一日、陰微雪

今日則陽曆元日故、各國公領事、陸海軍官員、外國敎師、政府顧問官、進于慶運宮、以賀禮祈新年之亨運、又漢城各國人家懸旗各色、此專表賀新、此時以後漸熟、開明之氣運、余亦多喜、今日陰曆初九日之甲子日也。

二日、微雪如昨

獨立協會의 自強運動

余身氣益強、夜服除毒藥一貼。尙論獨立協會之自強運動、又開討論會、題則愛國之途、官民團合一致總爲之。此合事最善力也、若似爲唐代翰院制乎。

三日、晴寒強風

趙秉甲

杜門不出始終、聞以趙秉甲爲法部民事局長、此人四品官人也。濟州郡守新設云、將行船便徃來故矣。崔濰爲名人、以國家之急先務爲上疏、其內日、以爲討迊復讐・擇用俊才・定兵節制・節制薄斂、有答批、善可擇之事也云。

四日、又晴寒微風

郵遞司設置

五日、晴寒

置郵遞司於江陵郡、亦如寧邊郡、此亦郵政之發展氣也。

『묵암비망록』

여운형

이승훈

이상재

 이 기록을 모두 믿을 수는 없으나 여기에서 알 수 있는 것은 천도교가 일제의 조선 강점 직후부터 독립운동을 준비하고 있었다는 점이다. 따라서 3·1운동이 단순히 미국 대통령 윌슨이 제창한 민족자결주의에 절대적인 영향을 받아 일어났다는 인식은 재고되어야 할 필요가 있다. 더 나아가 『묵암비망록』의 기록을 보다 면밀히 연구하여 기록의 사실여부를 명확히 고증하여야 할 것이다.

 한편 이 시기에는 기독교와 불교에서도 독립운동을 계획하였다. 특히 기독교는 상하이의 신한청년당과 연락하면서 3·1운동을 준비하였다. 신한청년당의 여운형呂運亨은 기독교계의 이승훈李昇薰·이상재李商在 등과 연락하였으며, 선우백도 기독교계의 양전백梁甸伯·길선주吉善宙·이승훈 등을 만나 3·1운동을 준비하였다. 그리하여 평양·경성 등지에서 기독교인들은 독자적인 만세운동을 준비하고 있었다.

민족운동 지평을 확대하다

당시의 분위기는 윌슨의 민족자결주의의 영향으로 독립에 대한 기대감이 매우 고조되었던 시기였다. 이와 같은 분위기 속에서 방정환 등 경성청년구락부는 어떠한 입장에 있었는가를 알아봐야 한다. 이는 당시 청년세력들의 동향을 알 수 있는 좋은 사례가 될 수 있기 때문이다.

경성청년구락부는 이러한 시대 분위기 속에서 청년들의 역할에 대해 고민하였던 것 같다. 1918년 송년회 자리에서 이들은 경성청년구락부를 중심으로 민족운동을 일으키자는 논의를 하였다. 방정환이 이 자리에서 어떠한 태도를 보였는가는 알 수 없으나 송년회에서 그가 연출한 연극 '○○령'을 공연한 것으로 보아 방정환 역시 이들의 의견에 동조하였던 것 같다. '○○령'은 '민족동원령'을 의미하였다. 즉 전 민족을 동원하여 일제의 지배로부터 민족의 독립을 이루자는 것이었다. 이 연극의 대본은 방정환이 쓴 것으로 청년기에 접어든 그의 민족에 대한 생각을 잘 알려주는 것이라 할 수 있다. 아쉽게도 현재 이 연극의 대본은 전하지 않는다.

얼마 뒤인 1919년 1월 유광렬이 방정환을 방문하였을 때 방정환은 경성청년구락부의 민족운동에 대해 말했다.

"우리가 청년구락부를 동원하여 한번 소리쳐 보자고 한 것은 어른들이 아무 소식이 없으니까 답답하여서 우리들로라도 무엇이나 하여 보려 하였던 것인데 손선생님은 벌써 지난해 여름부터 세계적 대조류인 민족자결의 원칙에 의지하여 조선민족도 독립운동을 일으키도록 여러 수제

자들과 지방 두목에게 지시하여 지금 모든 준비가 집행 중이니 우리 청년들이 섣불리 하는 것보다 어른들이 하는 일에 심부름이나 힘써 하자는 것이었다."

그는 3·1운동의 전개과정에서 청년들의 역할을 민족지도자들의 활동을 뒷받침하는 것에 두었다. 이러한 방정환의 주장에 대해 경성청년구락부의 회장과 부회장이었던 이복원과 이중각의 반응은 알 수 없으나 현재까지 경성청년구락부가 3·1운동에 조직적으로 참여하였다는 증거를 찾을 수 없으므로 방정환의 주장이 수용되었다고 본다.

그렇다면 방정환은 어떠한 방법으로 민족지도자들의 활동을 뒷받침하였을까. 유광렬과 이태운의 회고에 따르면 방정환은 유광렬과 함께 방정환의 처가에서 『독립신문』을 등사판으로 출판하여 시민에게 돌렸다고 한다. 『독립신문』은 민족대표 33인 중 한 사람이며 인쇄소 보성사의 사장이던 이종일이 발의하여 윤익선의 명의로 발간된 지하신문이다. 『독립신문』은 1만 장 혹은 1만 5천 장이 발행되었다. 시가행진하는 군중에게 나누어주기도 하고 15~16세의 남녀학생들이 발걸음 소리가 나지 않는 짚신을 신고 밤을 새워 배달하기도 하였다.

이러한 방정환의 활동을 눈치챈 조선총독부 경찰이 방정환의 집을 포위하고 수색하려 하자 방정환은 민첩하게 등사판과 원지를 자기 집 마당의 우물에 넣어 증거를 없애 버렸다. 그러나 조선총독부 경찰은 방정환을 체포하여 일주일 동안 구금하면서 온갖 고문을 가하였다. 그럼에도 방정환은 자백하지 않았고, 석방된 이후에도 비밀장소에서 계속 『독립신문』을 발행하여 3·1운동을 뒷받침하였다.

朝鮮獨立新聞

新聞社長 尹益善、朝鮮民族代表孫秉熙、金秉祚氏外三十一人이 朝鮮建國四千二百五十二年三月一日下午二時에 朝鮮獨立宣言書를 京城太華館內에서 發表하얏는디 同代表諸氏는 鍾路警察署에 拘引되얏다더라.

朝鮮民의 信托

朝鮮民族代表諸氏는 最後의 一言으로 同志에게 말하야 生命을 犧牲으로 貢하야 노니 吾神聖兄弟는 吾儕의 素志를 貫徹하야 何日何時던지 我二千萬民族이 最後一人이 殘餘하더라도 決斷코 亂暴的 行動이나 何等 破壞的 行動을 勿行할지어다 一人이라도 亂暴的 破壞的 行動이 有하면는 永千古不可救의 朝鮮을 作할지니 千萬注意를 고 千萬保重할지어다.

全國民響應

同日代表諸氏拘引되と同時에 全國民이 諸氏의 素志를 貫徹하기 爲하야 一齊히 萬歲를 부르더라.

朝鮮建國四千二百五十二年三月一日

09 문화운동에 참여하다

출판 문화활동에 힘을 기울이다

방정환이 문화운동의 활동을 처음으로 시작한 것은 1918년 경성청년구락부의 조직과 함께 기관지인 『신청년』을 발행하면서부터라고 말할 수 있다. 『신청년』을 통해 보면 이복원·이중각·방정환 등이 주도하던 제1기에는 사회운동적인 성격이 강하였으나 박영희·나도향·최승일 등이 주도하던 제2기에는 문예적인 성격이 보다 강하였다. 특히 경성청년구락부는 문예활동을 중심으로 한 문화운동보다는 실천적인 민족운동에 그 목적을 두고 조직되었다. 이는 이복원·이중각 등 경성청년구락부의 초대 회장과 부회장이 1920년대 초중반에 모두 민족운동과 관련하여 검거되어 고문의 후유증으로 사망한 사실을 통해서도 명확하다고 생각된다.

『신청년』은 1918년 창간되기 이전에 이미 등사판으로 회원들에게 회람할 정도의 소식지 혹은 기관지의 형식으로 발간되었다. 이를 바탕으로 천도교와 최승일의 지원에 의해 『신청년』은 정식으로 발간·유지될 수 있었다. 『신청년』 창간호와 제2호는 영풍서관을 발행기관으로 하였으나 제3호부터는 경성청년구락부가 발행 기관임을 명백히 알리고 있다. 이는 일제의 식민지 지배정책이 3·1운동 이후 문화통치로 전환한 것과 직접적인 관계가 있었다.

『신청년』 발간 이후 방정환은 1919년 12월 서대문 밖에 방 한 칸을 얻어 우리나라 최초의 영화잡지로 추정되는 『녹성』을 발행하였으나 판매가 부진하여 폐간하였다. 기존의 방정환 연보에는 마해송·이범일·유광렬이 방정환과 함께 발행한 것으로 되어 있으나 마해송과 유광렬의 개입 여부는 확실하지 않다. 『녹성』의 편집 겸 발행인은 이해일李一海, 즉 경성청년구락부의 부회장 이중각이었다. 또한 『녹성』 발행소가 판권상에는 일본 도쿄로 되어 있으나 창간호의 사고에 따르면 문의 사항과 잡지 주문은 경성의 녹성사(경성 죽첨정 1정목 39번지)로 하라고 되어 있었다. 이 주소는 잡지 『신청년』 제2호 발행지 주소와 동일하였다. 이것은 『녹성』은 어떠한 형태로든 경성청년구락부와 관련이 있다는 것을 보여준다. 특히 『신청년』 제2호의 투서를 녹성사로 보내라 한 것은 이 시기 방정환이 『녹성』을 편집·발간하면서 『신청년』의 편집·발간도 주도하였음을 의미한다.

결국 방정환이 1919년 경성청년구락부의 활동을 중심으로 문예잡지 『신청년』과 영화잡지 『녹성』을 편집·발행하였다는 점에서 볼 때 그는 청년시절 연극과 영화 등 문예 방면에 상당한 관심을 갖고 실제적인 활동을 펼쳤음을 알 수 있다.

한편 『신청년』과 『녹성』 발간 경험을 통해 방정환은 『신여자』 편집 고문으로 초빙되었다. 방정환을 초빙한 것은 김원주였다. 유광렬은 방정환이 잡지 편집에 관하여 인정받고 있었음을 다음과 같이 증언하였다.

"연희전문학교 교수로 있던 이노익씨의 부인 일엽 김원주 여사가 잡지 『신여자』를 창간하여 주관할 무렵, 약관 20세의 소파를 편집고문으로 추대하여 서대문구 송월동에 있는 김여사의 집에서 신준려 여사와 박인덕 여사가 편집 동인이 되어 자리를 같이 하게 되었다."

방정환을 초빙한 김원주는 우리에게 김일엽이라는 이름으로 잘 알려진 승려이자 작가이다. 김원주는 1896년 6월 9일(음력 4월 28일) 평남 용강군 삼화면 덕원리에서 부친 김용겸과 모친 이마대의 장녀로 출생하여 1913년 이화학당에 입학하여 1918년 이화전문을 졸업하였다. 1919년 3·1운동 시 자기 집에서 전단을 작성하여 배포하였으며, 일본으로 건너가 도쿄 에이카(英和)학교에 입학하고 1920년 수료 후 귀국하여 우리나라 최초의 여성잡지 『신여자』를 창간하여 편집주간을 맡아 여성들을 계몽하는데 앞장섰다. 1923년 9월 예산 수덕사에서 만공선사의 법문을 듣고 불문에 입문하였다. 이후 1933년 금강산 서봉암에서 삭발하고 승려가 되었다. 불문에 입문한 후 1925년부터 3년간 아현보통학교의 교사로 근무하기도 하였다. 해방 이후 수필집 『청춘을 불사르고』(1962)와 『어느 수도인의 회상』(1965) 등을 출판하였다.

『신여자』는 이보다 앞서 일본에서 동경여자유학생친목회가 1917년 12월 창간한 『여자계』 국내판과 같은 성격을 갖고 있으나 1920년 3월 창간호를 내고 1920년 6월 4호까지 발간 후 폐간된 단명한 잡지다. 그는 일본 유학 중 동지들과 『어린이』를 1923년 3월 창간하기도 하였다.

방정환은 천도교가 발행하였던 개벽사의 창립 멤버로서 1925년 6월 무렵부터 1931년 사망할 때까지 개벽사 어린이부에서 근무하였다. 그가 도요대학에서 유학하던 동안에는 일본 특파원으로 근무하였다. 그 외에도 개벽사에는 이우명이 중국 특파원, 박승철이 독일 특파원, 장회근이 미국 특파원으로 활약하였다. 귀국 이후에도 그의 활동은 개벽사가 중심이 되어 이루어졌다. 이러한 활동은 그가 1920년대 본격적인 언론·출판인으로서 활동을 전개하는데 중요한 기반이 되었다. 특히 그가 문화운동을 전개하는데 기반이 되었던 개벽사는 천도교 문화운동의 핵심기관으로서 1920년대 식민지 조선의 독보적인 잡지였다.

개벽사는 1920년 창립되어 1935년에 문을 닫았다. 개벽사에서 발행한 잡지는 『개벽』·『부인』·『신여성』·『어린이』·『별건곤』·『학생』·『혜성』·『제일선』·『신경제』 등 모두 9종이었다. 개벽사에서 발행한 단행본 중 현재 확인되는 것은 『사랑의 선물』(방정환 역, 1922), 『인내천』(이돈화, 1924), 『조선지위인』(이돈화, 1922), 『사회주의학설대요』(정지현 역, 1925), 『조선자랑』(정지현, 1928), 『중국단편소설집』(정지현 역, 1928), 『조선근세사 13강』(김기전, 1930), 『갈잎피리』(정순철 곡, 1930) 등 모두 8권으로 일본 특파원이었다. 단행본의 저자와 역자는 모두 천도교신자였다.

방정환이 잡지의 발행에 관심을 가질 수 있었던 것은 글쓰기와 관련이 깊다. 유광렬에 따르면 그는 1915년 『청춘』 제6호에 「낙화」를 투고하여 채택·게재되었다고 한다. 「낙화」의 작자가 미상이어서 실제 이 글

『신여성』 5월호

『부인』 6월호

『개벽』 창간호

『새별』 제16호

을 방정환이 썼는가에 대해서는 논란의 여지가 있다. 그렇지만 유광렬이 「낙화와 방선생」이라는 글을 쓴 것으로 보아 방정환이 쓴 글로 보아도 무방하지 않을까 한다.

이광수는 어린시절의 방정환에 대해 다음과 같은 글을 남겼다.

"지금 가장 기억에 남는 것은 우리가 『청춘』이란 잡지를 발행할 당시에 선생이 겨우 열여섯 살로서 투고하여서 처음으로 선생을 알고, 『소년』이란 잡지에 또한 투고하여 준 글을 통해 선생이 소년문학과 소년운동의 큰 뜻과 또 거기에 특재를 가지고 있음을 비로소 알았습니다."

『청춘』 제2호

이상금에 따르면 이광수가 말하는 『소년』은 『새별』의 오기인 것 같다고 하였으나 어느 잡지인가가 중요하다기보다는 방정환이 어린시절부터 여러 잡지에 투고하여 채택되었다는 점이 중요하다고 생각된다. 이러한 경험은 이후 각종 잡지를 발행하거나 편집하는데 중요한 계기가 되었을 것이기 때문이다.

『신청년』 창간 무렵까지 그가 『청춘』에 투고하여 채택된 글은 「낙화」를 포함하여 모두 7편이다.

- 한시 「낙화」, 지은이 미상(6호, 1915. 3)
- 산문 「일인一人과 사회」, 창원군 웅동면 마천리 ㅈㅎ생生(상금 1원, 10호, 1917. 9)
- 시 「바람」, 시내 견지동 118 ㅈㅎ생(상금 50전, 12호, 1918. 3)
- 산문 「자연과 교훈」, 시내 견지동 118 ㅈㅎ생(상금 50전, 13호, 1918. 4)
- 단편 「우유배달부」, 시내 견지동 118 ㅈㅎ생(상금 1원, 13호, 1918. 4)
- 산문 「관화觀花」, 시내 견지동 118 방정환(상금 1원, 15호, 1918. 9)
- 시 「봄」, 시내 견지동 118 방정환(상금 1원, 15호, 1918. 9)

방정환의 작품은 한시·산문·시·단편 등 다양한 분야에 걸쳐 있는 것과 제13호와 제15호에는 각각 산문과 단편, 산문과 시가 동시에 당선되었다. 이는 다양한 분야의 글쓰기에 재능이 상당했다는 것을 보여준다. 이러한 재능은 이후 그가 동화를 창작하고 번안·번역 하는데 기초가 되었다.

특히 『사랑의 선물』은 방정환이 도쿄에 있을 때 「안데르센동화」·「그림동화」·「아라비안나이트」 등 세계명작동화 10가지를 번안하여 출판한 것으로 1925년 8판(16,000부), 1926년 2월에 9판, 1926년 7월에 10판을 찍을 정도로 호평을 받았다. 김기전은 서문에서 방정환이 이 책을 쓴 이유를 이렇게 밝혔다.

"학대받고, 짓밟히고, 차고 어두운 속에서 우리처럼 또 자라는 불쌍한 어린 영을 위하여 그윽히 동정하고 아끼는 사랑의 선물로 ……"

이 책에 수록된 동화는 「난파선」(이탈리아), 「산드룡의 유리구두」(프랑스),「왕자와 제비」(영국),「요술 왕 아아」(시칠리아),「한네레의 죽음」(독일),「어린 음악가」(프랑스),「잠자는 왕녀」(독일),「천당 가는 길」(독일),「마음의 꽃」(미상),「꽃 속의 작은이」(덴마크) 이다.

강연활동으로 잠재된 민족의식을 일깨우다

다른 한편 방정환의 문화운동에서 빼놓을 수 없는 것이 그의 강연 활동이다. 방정환이 최초로 강연을 한 것은 1920년 평양기독교청년회에서 주최한 '자아 각성과 청년 단합'이라는 주제의 강연이었다. 그의 강연 활동은 조선학생대회·천도교 등을 중심으로 이루어지고 있었다. 더욱이 기독교계에서 주최한 강연회에도 연사로 참석한 것으로 보아 그의 강연 활동은 종교 차원을 뛰어 넘었다고 할 수 있다. 표 1은 방정환의 강연 활동을 정리한 것이다.

이외에도 그는 동화회와 연극 연출 등의 활동도 병행하였다. 1920년 6월 6일과 13일에는 보성전문학교 대강당에서 모리스 르블랑의 '팔일삼'을 구연하였다. 1921년 8월 30일~31일의 양일간 평양 가부키좌歌舞技座에서 연극 '식객'을 연출하였으며, 9월 4일에는 경성 천도교 대강당에서 자작 사극 '신생新生의 일日'을 연출했다.

1923년 9월 22일에는 천도교당에서 개최된 소년소녀대회에서 '노래 주머니'를 동화극으로 올렸고, 11월 18일과 11월 25일에는 경성도서관에서 주최한 동화강화회에 출연하였다. 1924년 1월 18일에는 이은상의 안내로 경성의 창신학교와 의신여학교를 방문하여 각각 '아버지의 병

〈표 1〉 방정환의 강연 활동

년도	날짜	장소	주제	주최
1920	6.20	평양	남녀평등론	평양천도교청년회
	6.21	평양	자아 각성과 청년 단합	평양기독교청년회
	6.30	문천	개벽선언	문천천도교청년회
	7.1	원산	세계평화는 인내천주의	경성천도교청년회
	7.27	경성		조선학생대회
	7.28	개성	자녀를 해방하라	조선학생대회
	7.30	평양	노력하라	조선학생대회
1921	6.17	부산	잘 살기 위하여	천도교청년회(동경유학생순강)
	6.20	논산	교육 발전에 대하여	
	6.22	군산	잘 살기 위하여	천도교청년회(동경유학생순강)
	6.26	김제	잘 살기 위하여	천도교청년회(동경유학생순강)
	6.27	광주	잘 살기 위하여	천도교청년회(동경유학생순강)
	7.4	강경	잘 살기 위하여	천도교청년회(동경유학생순강)
	7.10	경성		천도교소년회 담론부
	7.12	서흥	잘 살기 위하여	천도교청년회(동경유학생순강)
	7.14	황주	잘 살기 위하여	천도교청년회(동경유학생순강)
	7.15	사리원	잘 살기 위하여	천도교청년회(동경유학생순강)
	7.20	안악	잘 살기 위하여	천도교청년회(동경유학생순강)
	7.22	송화	잘 살기 위하여	천도교청년회(동경유학생순강)
	7.25	해주	잘 살기 위하여	천도교청년회(동경유학생순강)
1922	7.12	장연	새살림 준비	천도교 장연교구
	12.25	경성	생활개조와 아동문제	천도교소년회
	12.30	경성		천도교소년회
1923	4.28	도쿄	소년문제	
1925	2.22	경성	살아날 길	천도교청년당
	8.7	양시	아동을 위하여	재경용천학우회
1926	11.25	고양	가정교육에 관하여	의화소년단
1927	11.25	강화도		강화소년군
1928	2.11	경성	아동연구에 관한 기초지식	색동회

년도	날짜	장소	주제	주최
1928	2.12	경성	아동교양에 필요한 동화지식	색동회
	6.2	시흥		용흥청년회
	8.4	경성	시대를 타는 인물	천도교 용산종리원
	12.15	경성	신생新生의 도道	애조소년회후원회
1929	2.23	경성	신생新生의 도道	천도교청년당
	2.19	선천	잘 살기 위하여	천도교청년당 선천부
	4.19	경성	중학공부 시작할 때	천도교학생회
	5.14	경성	어린이가 크는 여러 시기	천도교내수단
	5.15	경성	꾸짖는 법 칭찬하는 법	천도교내수단
	11.4	경성	우리의 목적	천도교청년당
	11.23~24	도쿄	소년문제	천도교청년당 동경부 유년부
1930	10.28	경성	수운 출세 기념	천도교
	11.1	경성	포덕선전대강연	천도교청년당 경성부
1931	2.25	경성	조선여자와 체육	조선여자체육장려회

간호'와 '헨젤과 그레텔'을 구연하였으며, 10월 12일에는 홍성유치원이 주최한 동화대회에 출연했다. 1924년에는 경성도서관에서 주최한 동화회가 휴일마다 개최되었다고 한다. 1925년 4월 29일에는 어린이사와 색동회가 주최한 제3회 어린이날 전야제에서 동화 '귀만의 슬픔'을 구연하였다. 이외에도 방정환은 사망할 때까지 각종의 동화회를 주최하거나 초청을 받아 동화를 구연하거나 강연을 하였다.

그러한 활동의 결과 1927년에는 경성방송국에서 아라비안나이트의 한 이야기인 '흘러간 3남매'를 고한승·이정호 등과 함께 구연하는 등 방송출연을 통해 어린이에 대한 일반의 인식을 제고하는 한편 동화를 구연하였다. 방정환의 방송에 대한 인상을 김영팔金永八은 다음과 같이 증언하였다.

"선생은 무엇이나 다 성심 성의를 가지고 하지마는 내가 알기에는 방송 중에는 더욱 경건한 태도로 여러분에게 말씀한 것 같이 생각이 듭니다. 선생이 방송하실 때마다 선생 자신도 정한 시각을 잊어 버리고 이야기를 하시기 때문에 방선생이 방송할 때마다 시간 잡아먹는 방선생이라는 별명을 일본 사람들 사이에 듣게 된 것이 올시다. 그러나 이러한 일은 고의로 하신 것이 아니라 조선의 어린이를 보다 좋은 곳으로 인도하시려고 하는 생각으로 시간을 잊고 경성의 어린이는 물론 전 조선의 어린이에게 마이크로폰을 통하여 좋은 말씀, 좋은 교훈을 주신 것입니다."

방정환과 김영팔은 이 방송 이전부터 알고 있었을 가능성이 있다. 김영팔은 일본 유학 중 극예술협회 활동을 하였으므로 천도교청년극회에 참여하였던 방정환을 잘 알았을 것이고, 또 당시 경성방송국의 연예부문 캐스터였기 때문에 당시 어린이 방송을 진행하던 방정환을 잘 알았을 것으로 추측된다.

방정환의 문화운동 가운데 또 하나 살펴보아야 할 것은 그의 연극 활동이다. 1918년 경성청년구락부의 송년회 때 'ㅇㅇ령'을 연출하였으며, 천도교청년회 도쿄지회의 조직 후 방정환은 1921년 9월 천도교청년극회에도 관여하였다. 유민영에 의하면 앞에서 언급한 연극 '신생의 일'은 대부분 학생들로 구성된 천도교청년극회가 방학을 이용해 전국을 돌며 공연하였다.

1923년 도쿄에서 조직된 색동회의 회원 정인섭은 방정환이 1921년 9월 4일 천도교 대강당에서 자작 사극 '신생의 일'을 연출·출연했다고 밝혔다. 또 방정환의 사망 후 『동아일보』 관련 기사(1931년 7월 28일)에는 일본유학생회에서 연극하던 때의 모습을 담은 사진이 함께 실려 있다. 따라서 방정환은 일본 유학시절 천도교청년극회에 참여하여 연극을 연출·출연하였음을 알 수 있다.

방정환이 천도교청년극회에 관여한 사실은 그의 활동이나 업적 하나를 더 추가하는 것 이상의 의미를 지닌다. 그와 사회주의 사상의 관련을 밝히는 데에 중요한 단서 즉 당시 도쿄을 중심으로 활발히 조직되던 극예술 단체의 연극인들과 방정환이 교류했을 가능성을 시사하기 때문이다. 1920년 봄 도쿄 유학생들은 극예술협회를 조직하였다. 동인으로는 김우진金祐鎭·조명희趙明熙·조춘광趙春光·고한승高漢承·최승일崔承一·김영팔 등이 활동했다. 이 가운데 조명희는 1919년 도요대학 동양철학과에 입학해 고학 생활을 하면서 1921년 극본 '김영일金英一의 사死'를 썼다. 방정환 역시 도요대학에 다녔으므로 조명희와 만남을 생각해 볼 수 있다.

고한승과 조준기는 1923년 방정환과 함께 색동회를 조직했다. 조준기는 니혼日本대학 문학부 국문학과에서 연극을 공부하던 학생으로, 색동회를 창립할 당시 일본에서 그가 각색한 '사인남매'가 상연되기도 했다. '사인남매'는 혁명가·인도주의자·사회주의자·연애지상주의자 등 각양각색의 신사상에 물든 젊은이들이 등장하여 서로 충돌하는 것을 보임으로써 사회주의·아나키즘·인도주의 등 근대적 여러 사상이 혼재하는 1920년대 초반 사상계의 현실을 부각시키려 한 작품으로 평가받는다. 고한승도 니혼대학 예술과에 다녔는데, 그는 일본 유학을 떠나기 전부터 이미 방정환·마해송馬海松·진장섭秦長燮 등과 친분이 두터웠다.

조준기와 고한승이 다니던 니혼대학에는 극예술협회 동인인 최승일과 김영팔도 있었다. 이들은 염군사 동인이며 또한 사회주의 단체 북풍회에 가담한 인물들이었다. 어쨌든 방정환은 연극 연출과 출연을 하였으며, 극예술협회를 중심으로 한 연극인들과의 교유도 활발했던 것으로 보인다. 이는 앞에서 서술한 바와 같이 그의 일본 유학시절의 교우관계에서도 파악할 수 있다.

천도교청년회 도쿄지회는 1921년 여름방학을 이용하여 3개반의 강연대를 조직하여 천도교 진리의 선전과 현대사상의 고취를 위해 조선 각지를 순회하면서 강연 활동을 하였다. 이들은 1921년 6월 17일 부관연락선 신라호新羅號 편으로 부산항에 상륙하여 18일 오후 3시부터 국제관에서 강연회를 개최했다. 더욱이 이날 오후 10시에는 기독교측의 요청으로 기독교회당에서 강연을 개최하기도 하였다. 도쿄지회의 강연단은 제1대(박달성·정일섭, 천도교 경성본회 특파원 김의진), 제2대(방정환·민병옥, 천도교 경성본회 특파원 김은직), 제3대(전민철·정중섭, 천도교 경성본회 특파원 김홍직)로 구성되었다. 제1대는 김해·통영·진주·대구·수원, 제2는 논산·익산·군산·광주·목포·강경, 제3대는 청주·공주·예산·이천·홍천·춘천 등지에서 강연하였다. 이들은 6월 19일부터 강연을 시작하여 7월 7일 경성에 도착, 7월 8일 경운동의 천도교당에서 수천 명의 청중과 정사복 경관 4~5명이 임석한 가운데 방정환의 사회로 정일섭과 박달성이 각각 '우리의 요구는 무엇?'과 '종교 안목으로 본 조선의 고금'이라는 주제로 강연했다. 특히 정일섭의 강연은 임석 경관의 제지로 중단되었다. 또한 방정환도 광주·서흥·안악·장연의 강연회에서 임석 경관으로부터 강연을 중지 당하였다.

　7월 11일부터는 서북방면에서 강연회를 개최하였다. 제1대 황해대(방정환·민병옥·차용복), 제2대 평안대(정중섭·전민철·김홍식), 제3대 함경대(박달성·정일섭·조기간) 등으로 구성되었다. 이 중 황해대는 7월 14일 개성의 개성좌에서 열린 강연회에서 차용복의 '조선 민족과 천도교'란 주제의 강연에서 조선민족에 대한 언급 때문에 중지명령을 받았다. 평안대의 박천 강연회에서도 전민철의 '교육과 노력'이라는 제목의 강연이 불온하다 하여 강연이 중지되고 전민철은 기소되었다. 함경대의 박달성도 원산 강연에서 민족의식과 반일의식을 고취하였다는 이유로 경찰에 구류되면서 강연을 금지 당하였다. 도쿄지회의 순회강연에 참여한 방정환·박달성·정일섭·정중섭은 도요대학, 조기간과 전민철은 니혼대학에 재학 중이었다.

　이들의 강연 내용은 교육 등의 실력양성·자아의 각성·시대가 요구하는 인물·민족의 자긍심·구사상의 타파·여성해방·새로운 신앙인 천도교 등이 주가 되었다. 특히 방정환은 민족주의적 경향을 보였다.

　"우리의 목적과 정신은 여하한 감언괴설甘言怪說일지라도 불감견지不感堅持하여 우리 민족이 잘 살기를 절망切望한다."

　즉 도쿄지회의 순회강연은 이상적 사회·세계를 건설하려는 현대 사조의 소개, 현대사조의 이념을 구현하는 것은 천도교라는 것을 강조하였다. 이러한 내용은 1920년 천도교청년회 본부강연단이 행한 강연 내용과 별로 다르지 않았다고 한다. 그러나 도쿄지회 순회강연단의 강연 내용에서 특이한 점은 문화·신문화라는 점을 강조한 것이었다. 이는 독일에서 전래된 문화주의가 1919년경부터 일본에서 유행하던 것과 관련 있다. 결국 1920년대 천도교 문화운동의 핵심이 실력양성에 있음을 의미한다. 실력양성론은 실력 양성을 통한 문명의 수립과 세계유기체의 조화로운 발전을 주장하였기 때문이다.

　표 1에서 보았듯이 천도교청년회 도쿄지회가 중심이 되었던 전선순회강연에서 방정환의 강연 주제는「잘 살기 위하여」였다. 다만 자료상의 제약으로 그의 강연 내용을 구체적으로 알 수 없는 것이 유감일 뿐이다. 그의 강연활동을 주제별로 나누어 보면 크게 천도교와 관련된 것과 어린이 문제와 관련된 것으로 나누어진다. 이를 통해 그의 활동은 천도교와 어린이라는 두 주제를 일관하고 있음을 알 수 있다.

소년운동을 주도하다 10

소년운동은 무엇인가

소년운동은 다른 말로 어린이를 대상으로 한 대중 운동이라고 할 수 있다. 일반적으로 소년운동을 어린이운동이라고는 하지 않는다. 이는 '소년'이 '어린이'보다 개념적인 용어이기 때문이다. 그러므로 이 책에서도 소년운동이라 칭하도록 하겠다. 이를 위해 우선 '어린이'라는 용어의 뜻과 소년운동이 탄생하게 된 배경을 살펴보는 것이 순서라고 생각된다.

그는 '어린이'와 '소년'을 혼용한 적이 없지는 않으나 의식적으로 구분하여 사용하였다고 한다. 국립국어원의 『표준국어대사전』에 의하면, 어린이는 '어린 아이를 대접하거나 격식을 갖추어 이르는 말로서 대개 4~5세부터 초등학생까지의 아이'를 이르며, 소년은 '아직 완전히 성숙하지 아니한 어린 사내 아이'라는 뜻과 '젊은 나이 혹은 그런 나이의 사람'이라는 뜻을 가지고 있다. 즉 어린이와 소년은 성숙하지 않았다는 점에서는 같지만 일반적으로 소년은 어린아이보다 조금 나이가 많은 연령을 지칭한다.

최남선은 1908년에 창간된 『소년』에서 어린이를 어리며, 어리석다라는 의미로 사용하고 있으며, 이후 『붉은 저고리』(1913)와 『청춘』 창간호(1914) 등에서도 같은 의미로 사용하였다. 이는 그가 어린이와 소년을 명확히 구분하여 사용하고 있었다는 것을 보여준다.

그렇다면 소년이란 어떠한 의미일까? 소년이라는 용어가 일반화된 것은 대략 1900년대 중반부터 1910년 사이라고 보는 것이 일반적이다. 이 시기는 일제의 조선 침략이 본격화되는 시기임과 동시에 이에 대항하여 우리 민족과 국가를 보존하기 위한 계몽활동이 매우 활발하게 전개된 시기였다. 이러한 시대적 분위기 속에서 최남선은 1908년에 잡지 『소년』을 창간하였다. 그가 잡지명을 소년이라 한 것은 외세의 침략을 막아내고 새로운 지식과 문물을 수용·창조함으로써 근대적 문명국가를 건설할 수 있는 새로운 주체로서 소년을 상정하고 있었기 때문이었다. 그는 『소년』 창간호의 권두사에서 말하였다.

"대한으로 하여금 소년의 나라가 되게 하라."

이 소년은 대략 20세 이하를 통칭하는 것으로서 오늘날 우리가 생각하는 소년의 연령대와 다르다. 즉 청소년기까지를 통칭하는 개념이었다. 이렇게 소년을 20세 이하로 보는 것은 우리나라 전통적인 생각에서 비롯된 것이라 생각된다. 방정환과 함께 천도교 소년운동을 이끌었던 소춘 김기전은 『개벽』의 「장유유서長幼有序의 폐해弊害」라는 글에서 이렇게 말했다.

"우리 조선에서는 중국의 고례古禮에 의하여 나이 20이면 모두 관冠을 쓰게 하고 성인식을 행하면 비로소 장자의 자격, 아니 장자의 권위를 갖게 되며 미성인 즉 20세 이하 사람은 유자幼子의 취급을 받게 된다."

노아자魯啞子도 『개벽』의 「소년에게」에서 다음과 같이 말하였다.

"소년少年 여러분! 지금 20세 이내 되시는 여러 아우님들과 누이들이며 장차 아름다운 조선의 땅을 밟고 나오실 여러 아드님들과 따님들! 나는 가장 뜨거운 사랑과 가장 큰 희망과 가장 공손한 존경으로 이 글을 여러분께 드립니다. 왜? 여러분이야말로 조선의 주인이시오, 생명이시니까요."

이로 보아 당시 소년과 성년을 나누는 기준은 20세로 보는 것이 타당하다. 그런 만큼 소년을 어린이와 동일하게 생각할 수는 없다.

이러한 경향에서 1910년대 후반 이후에는 소년과 청년을 구분하기 시작하였다. 청년이라는 용어는 주로 일본에서 유학하는 학생들이 자신들을 소년과 구별하기 위해 사용하기 시작하였다고 한다. 이들은 자신들을 '부로父老'들과는 완전히 단절되는 새로운 세계, 문명으로 향하는 경쟁의 진화론적 주체로서 정의하면서 자신들을 청년이라 개념 정의하였다. 이들은 1920년대 전국에 청년회를 설립하여 청년회 산하에 소년회를 두거나 지역의 소년회를 지원하는 역할을 마다하지 않았다. 이로써 소년은 청년보다 연령상으로는 어리다는 의미를 갖게 되었다.

'어린이'에 담긴 방정환의 아동관

이러한 때 방정환은 1920년에 「어린이 노래」를 번역·소개하면서 어린이라는 용어를 처음으로 사용하였다.

"'애녀석', '어린애', '아이놈'이라는 말을 없애 버리고 '늙은이', '젊은이'란 말과 같이 '어린이'라는 새 말이 생긴 것도 이때부터의 일이요, 어린이 보육, 어린이의 정신 지도에 유의하여 여러 가지의 노력이 생기기 시작한 것도 그때부터의 일입니다. 어린이가 억지의 고집을 쓰고 탄생한 지 8년 동안의 노력, 이 날의 기쁨이 어찌 한이 있겠습니까?"

방정환은 '어린이'라는 용어를 '늙은이', '젊은이'라는 용어와 대등한 의미로 사용하기 위해 만들었다고 하였다. 이는 '애녀석', '어린애', '아이놈' 등의 용어가 어린이를 비하하거나 낮추어 지칭하는 의미를 내포하고 있는 것에 대해 높여 부르자는 의미라 보인다. 이와 같은 어린이라는 용어는 특정한 연령대를 지칭하는 소년과는 달리 그들을 다른 방식으로 부르기 위한 별칭으로 고안되었다. 이에 대해서는 김기전의 말에서 보다 많은 시사를 받을 수 있다.

"관혼상제는 재래의 사회적 의절儀節 중에서 가장 중요한 의절이었다. 그 의절 중에 어린이에 대한 것이라고는 한 가지도 들어있지 아니하다. 그 중의 관혼은 의절의 성질상 스스로 어린이를 제외하였다 할지라도 상제에 대해서는 얼마라도 생각할 여지를 두었다. 그런데 상제에 어린이가 있는가? 제례에 어린이가 있는가?"

어린이는 유교적 사회질서 속에서 제도적·구조적으로 차별받고 있었다. 김기전은 이 글의 제목처럼 '장유유서의 말폐'라고까지 생각하였다.

방정환이 이와 같은 생각을 하게 된 이유는 유교적 병폐에 대한 비판적 의식도 있었겠지만 기본적으로 그의 사상이 천도교의 평등사상에 근거하고 있었기 때문이다. 모든 사람은 한울님을 모시고 있다는 최제우의 '시천주侍天主', 사람 대하기를 한울님과 같이 하라는 최시형의 '사인여천事人如天', 사람이 곧 한울님이라는 손병희의 '인내천' 사상이 그의 사상의 근간이 되었다. 또한 최시형은 "어린이를 때리지 말라. 이는 한울님을 치는 것이다"며 어린이를 존중할 것을 가르쳤다. 이러한 천도교의 평등사상은 제3대 천도교주 손병희의 사위인 천도교신자 방정환에게는 거스를 수 없는 교의였다.

"나는 이 새 일(동화를 쓰는 일)에 착수할 때에 더욱 우리 교 중의 어린 동무를 생각한다. 어여쁜 천사, 인내천의 천사, 이윽고는 새 세상의 천도교의 새 일꾼으로 지상천국의 건설에 종사할 우리 교 중의 어린 동무로 하여금 애 적부터, 신인일 적부터, 아직 물욕의 마귀가 되기 전부터 아름다운 신앙생활을 찬미하게 하고 싶다. 영원한 천사되게 하고 싶다. …… 어린 동무를 위하여 되도록 국문으로 쓸 터이니, 언문 아는 애에게는 바로 읽히는 것도 좋지마는 되도록 부모가 읽어 말로 들려주는 게 유익할 듯 생각된다. 누님이나 어머니는 밤 저녁에 바느질하면서, 선생님은 교수하는 시간에 그 외에 또 교중 청년회 일로 시일侍日날 예식시간 외에 잠깐 잠깐 이야기 해 주는 것도 좋을 듯하다."

방정환은 동화 쓰는 일의 목적을 '새 세상의 천도교의 새 일꾼'을 기르기 위한 것이라 하였다. 다시 말하면 작게는 천도교의 새 일꾼의 양성, 크게는 새 세상, 즉 천도교가 추구한 반제반봉건의 해방된 조국의 새 일꾼을 양성할 목적으로 동화를 쓴다는 것이다.

이처럼 어린이에 대한 방정환의 기본 개념은 천도교의 평등사상에서 출발하는 것이었다. 그의 이러한 생각이 가장 잘 드러난 것은 「어린이 찬미」라는 글이다.

아무 꾀도 갖지 않는다. 아무 획책도 모른다. 배고프면 먹을 것을 찾고 먹어서 부르면 웃고 즐긴다. 싫으면 찡그리고 아프면 울고 ……, 거기에 무슨 꾸밈이 있느냐? 시퍼런 칼을 들고 협박하여도, 맞아서 아프기까지는 방글방글 웃으며 대하는 이가, 이 넓은 세상에 오직 이 이가 있을 뿐이다.

오! 어린이는 지금 내 무릎 앞에서 잠을 잔다. 더할 수 없는 참됨과 더할 수 없는 착함과 더할 수 없는 아름다움을 갖추고, 그위에 게다가 또 위대한 창조의 힘까지 갖추어 가진, 어린 하느님이 편안하게도 고요한 잠을 잔다. 옆에서 보는 사람의 마음 속까지 생각이 다른 번잡한 것에 미칠 틈을 주지 않고 고결하게 순화시켜 준다.

방정환은 같은 글에서 '어린이는 순복덩어리', '우리에게 주는 하늘의 계시', '어린이는 복되다'라며, 이렇게 고백하였다.

"어린이는 우리가 피곤한 몸으로 일에 절망하고 늘어질 때, 어둠에 빛나는 광명의 빛 같이 우리 가슴에 한 줄기 빛을 던지고 새로운 원기와 위안을 주는 것도 어린이뿐만이 가진 존귀한 힘이다."

　이렇게 어린이라는 용어에 새로운 개념을 도입하고 강조했던 방정환이지만 소년이라는 용어도 계속 사용하였다. 그는 어린이를 대략 10세 정도로, 10세 이상의 연령이 높은 어린이는 소년이라 구분했던 것 같다. 오늘날 사회적으로 보통 인식되는 어린이와 소년의 연령은 그로부터 비롯했다고도 볼 수 있다.

　다른 한편 김대용의 연구에 따르면 방정환의 어린이 개념이 확산되는 과정은 곧 식민지 자본주의 체제가 확산되는 과정과 맥을 같이 한다고 하였다. 1926년 개벽사에서 발간한『별건곤』이 도시 부르주아적 삶의 표본을 제공하였던 것도 이러한 바탕 아래에서 가능하였다. 방정환이 제시한 어린이는 '근대적' 어린이였으며, 이러한 근대적 어린이관이 정착되는 데에 방정환과 천도교가 일정한 역할을 하였음은 명백하지만 식민지 조선이 식민지 자본주의 체제에 편입되고 있었던 것과 깊은 관련이 있다는 점이다. 즉 근대적 양육법의 도입을 확산시킨 서양의 의료선교사업, 조선총독부의 아동 관련 사회사업과 가정의 의료화와 모성 강화, 서구 유아교육이론과 서구식 자녀교육법의 도입, 유치원과 초등학교 등 여러 가지 요인이 당시 사회 조건과 맞물리면서 가능할 수 있었다.

　방정환의 어린이 개념은 근대적이지만 이중적 성격을 띠고 있다고 한다. 이는 앞에서 언급한 바와 같이 어린이는 하느님이라는 완벽한 존재이기도 하지만 동시에 계몽의 대상임을 의미한다. 그에게 어린이는 완벽체인 동시에 불완전체로서 계몽의 대상으로 인식되고 있었다. 더욱이 그가 창작을 통해 그린 어린이는 고등보통학교에 다니는 정도의 소년이었다. 이는 그가 말하는 어린이가 민족의 미래를 책임져야 하는 존재에서 비롯되었다.

"조선의 소년 소녀 단 한 사람이라도 빼지 말고 한결같이 '좋은 사람'이 되게 하자."

그가 이러한 구호를 제기한 배경도 여기에서 찾아볼 수 있다.

방정환의 소년운동은 잡지 『어린이』 창간과 그와 관련된 활동, 천도교소년회를 중심으로 한 조직 활동, 그리고 색동회 등을 대표적으로 들 수 있다. 이외에도 동화·동요 등의 창작과 번역·번안 등의 활동도 있다.

『어린이』를 창간하다 11

『어린이』에 담긴 방정환의 희망

방정환은 3·1운동 이후 문화운동에 전면적으로 참여하였음은 앞에서 언급하였다. 그의 문화운동 가운데 핵심적인 것은 잡지의 창간이나 투고, 강연을 통한 민중계몽활동이 주가 되었다. 여기에서는 그가 창간한 잡지 중 대표적이며, 소년운동의 지도적인 잡지라 할 수 있는 『어린이』에 대해 살펴보고자 한다.

『어린이』는 1923년 3월 20일 『개벽』·『부인』에 이어 개벽사에서 발간한 세 번째 잡지였다. 흔히 『어린이』는 방정환이 창간하였다고 하지만 다음의 기사에서 볼 수 있듯이 이것은 잘못 알려진 사실이다.

> 시내 경운동에 있는 천도교소년회에서는 1월 28일에 회원을 모집하자는 결의를 하고 우선 2월 18일 안에 5백 명을 모집하고 5월 1일 안에 3천 명을 모집할 계획을 세웠었는데 벌써 5백 명의 회원을 모집하였다 하며

『어린이』 창간호(1923년 3월 20일)

그 회에서는 또 3월 1일부터 소년잡지 『어린이』를 발행하기 위하여 방금 준비 중이라 하며 이번 회원 5백 명을 모집한 것을 자축하기 위하여 명 18일 하오 6시부터 그 교당에서 가극대회를 개최한다는데 입장료는 20 전씩이라더라.

위의 기사에서 볼 수 있듯이 『어린이』는 천도교소년회의 사업으로 창간되었다. 어디에도 방정환이 직접 관여했다는 내용은 보이지 않는다. 이는 당시 방정환이 일본에 유학 중이었던 사실과 무관하지 않았다.

그러함에도 흔히 『어린이』를 방정환이 창간하였다고 하는 것은 천도교소년회가 『어린이』를 창간하는 과정에서 방정환의 주장이 작용했기 때문이다. 이정호와 방정환은 『어린이』 창간에 대해 각각 다음과 같이 말하였다.

"재작년 봄 5월 초승에 서울에서 탄생의 첫소리를 지른 천도교소년회, 이것이 우리 어린 동무 남녀 합 30여 명이 모여 짜온 것이요, 조선소년운동의 첫 고동이었습니다. 제일 먼저 우리는 '씩씩한 소년이 됩시다. 그리고 늘 사랑하며 도와갑시다' 하고 굳게 약속하였고 또 이것으로 우리 모듬의 신조로 삼았습니다. 그리고 좋은 의견을 바꾸고, 해나갈 일을 의론하기 위하여 매주 목요일, 일요일 이틀씩 모이기로 하였습니다. 그리고 맨 먼저 우리를 지도하실 힘 있는 후원자 김기전씨와 방정환씨를 얻었습니다. 두분은 누구보다도 제일 우리를 이해해주시고 또 끔찍이 우리를 사랑하시어서 우리를 위하여 어떻게든지 좋게 잘 되게 해주시지 못하여 늘 안타까워하십니다. 우리는 참말로 친형님 같이 친부모 같이 탐탐하게 믿고 매달리게 되었습니다. 사실로 소년문제에 관하여 연구가 많으신 두 선생님을 얻게 된 것은 우리 운동에 제일 큰 힘이었습니다."

"해마다 이 달이면 생각나는 일이지만 7년 전 봄에 처음 『어린이』 잡지를 시작한 때에는 옆에 있는 모든 친구들이 굳이 굳이 시작하지 말라고 말렸습니다. 어른 잡지도 되어가지 못하는 세상인데 어린이 잡지를 누가 거들떠보기나 할 듯싶으냐고 정성뿐만이 좋은 일이지만 아무리 애를 써도 안될 터이니 하지 말라고 누구든지 정성스럽게 말렸습니다. '안될 일일수록 우리가 하지 않으면 누가 손대는 사람이 있겠소? 안되어서 낭패하더라도 낭패하는 그 날까지 억지로라도 시작해야지요?'하고 고집을 해가면서 시작한 것이 우리 『어린이』 창간호입니다."

이정호는 1921년부터 소년문제에 연구가 많은 김기전·방정환의 지도를 받으며 천도교소년회의 조직을 준비하고 있었다. 방정환도 『어린이』를 처음 시작할 때 주위에서 모두 말렸다고 하여 자신이 『어린이』 창간에 관여하였음을 말하고 있다. 이로 보아 방정환은 천도교소년회의 창립과 『어린이』 창간에 관여하였다. 그럼에도 그가 『어린이』 창간에 직접 관여할 수 없었던 것은 앞에서도 말했듯이 일본 유학 중이었기 때문이다. 다만 천도교소년회가 잡지명을 『어린이』로 정한 것은 방정환의 주장이 천도교 내에서 수용되었던 것으로 볼 수 있다. 즉 천도교소년회의 조직과 『어린이』 창간은 방정환의 주장을 천도교 집행부가 수용하였기 때문에 이루어질 수 있었다고 보는 것이 타당하다. 이는 『어린이』가 천도교소년회의 기관지적 성격을 갖는다는 것을 보여준다.

천도교소년회는 1920년 4월 25일 천도교청년교리강연부가 개칭된

『어린이』(방정환 선생 추모호)　　　　『어린이세상』

천도교청년회 포덕부 내에 1921년 4월 설치된 소년부가 5월 1일 천도교소년회로 명칭을 변경하면서 조직되었다. 이는 천도교소년회가 천도교청년회의 산하 단체였음을 의미한다. 『천도교청년회80년사』에 따르면 천도교소년회의 목적은 천도교의 종지 밑에서 회원의 상식을 늘리고 덕성을 치며 신체의 발육을 꾀하여 쾌활건전한 소년을 짓는다(규약 제2조)는데 목적을 두었고, 만 7세부터 만 16세까지 소년(규약 제4조)을 회원 자격으로 정하였다. 이 목적을 달성하기 위하여 유락부遊樂部 · 담론부談論部 · 학습부學習部 · 위열부慰悅部의 4부를 두도록 하였다(제9조).

　창립 당시 30여 명의 회원이 5월에는 60여 명으로 증가하였고, 6월에는 다시 200여 명 정도로 증가했다. 10월에는 320여 명이나 되었다. 이는 천도교의 교세로 보면 대단히 미약한 실정이라고 볼 수 있다. 그러나 앞의 천도교소년회의 회원수는 각기 탁족식이나 운동회 등에 참여한 회원의 수를 의미하는 것이므로 실제 천도교소년회의 회원 수는 명확하지 않다. 다만 천도교의 기본적인 속성으로 볼 때 천도교신자의 자식들 중 해당 연령에 해당하는 사람들은 모두 천도교소년회의 회원으로 보아야 하지 않을까 한다. 이렇게 보면 1920~1930년대 천도교의 신자가 약 300만 명에 달했다는 연구도 있으므로 천도교소년회의 회원 수를 대략 짐작할 수 있다.

　이러한 천도교의 교세는 『어린이』 구독자의 수와도 연결 지을 수 있다. 천도교신자는 곧 『어린이』의 잠재적인 구독자가 될 수 있기 때문이다. 천도교소년회는 『어린이』를 공식 기관지로 삼지는 않은 것으로 생각된다. 『어린이』 어디에도 천도교소년회의 기관지라는 언급을 하지 않았기 때문이다. 이는 방정환 등이 『어린이』의 외연을 천도교 밖으로까지 확대하고자 하였던 목적을 갖고 있었기 때문이라 생각된다. 이는 『개벽』의 경우도 마찬가지였다. 『개벽』에는 종교적인 성향뿐만 아니라 이념적인 성향이 다른 글들이 함께 게재될 수 있었다. 이러한 연장선에서 박영희와 같은 사회주의자도 개벽사의 사원으로 근무할 수 있었던 것이라 생각된다.

　『어린이』는 창간호부터 제7호까지는 타블로이드판으로 발간되었으나 제8호부터는 4·6배판으로 발간되었다. 타블로이드판에서 4·6배판으로 변경한 것은 창간호부터 7호까지는 너무 커서 합쳐 맬 수 없으니 지금 책처럼 다시 출판해 달라는 요구에 기인한 것이었다. 이러한 요구는 독자 수의 증가에 따라 『어린이』가 하나의 미디어로 자리 잡게 된 것과 같은 시기였다. 발행부수는 정확하지 않다. 다만 방정환이 발행했던 『신청년』·『신여자』 발행부수가 2천~4천 부 정도였으므로 『어린이』 역시 이 정도를 발행했을 것이라 생각된다.

그런데 창간호는 방정환의 주변 인물이 지적한 바와 같이 판매가 매우 부진하였다. 이에 개벽사에서 이름과 주소만 보내주면 『어린이』를 무료로 보내주겠다는 광고를 전 조선에 했음에도 18명밖에 주문하지 않았을 정도였다. 이러한 상황에서 출발한 『어린이』이지만 창간한 지 1년이 채 안된 1923년 11월 15일 발행된 『어린이』 제1권 10호에 다음과 같은 사고까지 내었다.

"기뻐해주십시오. 어린이 9호는 훨씬 더 많이 발행하였건 만은 일주일이 못되어 한 권도 남지 않고 다 팔리고 책이 없어서 쩔쩔매었습니다."

1923년 12월 23일 발행한 『어린이』 제1권 11호와 1925년 『어린이』 2월호에도 각각 다음과 같은 사고를 내었다.

"호마다 호마다 점점 더 멀리 퍼져서 더 박히고 더 박혀도 그래도 모자라는 우리는 이번 이 책도 또 많이 박을 요량인데 어떠할런지."

"『어린이』를 사랑하는 동무 여러분! 기쁜 일을 보고합니다. 『어린이』 신년호는 미리부터 많이 박혀 1월 7일에 발행한 것이 단 7일간에 팔려 없어졌고, 곧 뒤이어 17일에 재판을 발행한 것이 또 6일 만에 없어지고, 다시 23일에 3판을 발행한 것이 또 7일 만에 없어졌습니다. 그래도 뒤를 이어 주문하시는데 4판까지는 인쇄할 시일이 없어서 보내드리지 못하였거니와 잡지로 『어린이』 같이 많이 발매되는 것도 없는 터에 3판까지 발행하고 또 그것이 절판되기는 조선에서 잡지가 생긴 후에 처음 되는 일입니다. 『어린이』의 천하라 하여도 좋을 만큼 이렇게 놀라운 기세로 발전되어 가는 것은 전혀 애독자 여러분의 성원이 많은 까닭이니 우리는 이에 무어라고 기쁘고 감사한 말씀을 드릴 바를 모르거니와 『어린이』가 이렇게 커가는 기세로 새해부터 세계 일주 사진 첨부와 세계아동작품전람회 개최를 비롯하여 여러 가지로 좋은 계획을 세울 수 있게 되는 것을 기뻐해 주십사 하고 싶습니다."

우리나라에서 이와 같이 3판까지 인쇄하는 것은 『개벽』 이후 최초의 일이었다고 한다. 『어린이』 창간 2주년 기념호가 되는 1925년 3월호에 대한 선전에서는 『어린이』 독자가 무려 10만여 명에 달한다고 했다. 『어린이』는 식민지 조선에서 공전의 성공을 거두었다. 10만의 독자는 거의 7~8년 동안 한시도 마음과 몸이 편히 쉴 날 없이 일한 방정환을 비롯한 개벽사의 노력 때문에 가능하였다. 그리하여 그는 다음과 같은 질문을 받기도 하였다.

"선생님, 이 달치 『어린이』가 왜 이제껏 못 나옵니까?"

어린이운동의 기폭제가 되다

이처럼 『어린이』가 대중적으로 성공할 수 있었던 것은 첫째, 개벽사의 지사와 분사 조직, 그리고 천도교소년회를 비롯한 각 지방의 소년회를 통한 『어린이』 지사와 분사의 설치 등 개벽사와 천도교 지방조직에 힘입은 바가 크다.

둘째는 『어린이』 판매가격과 관련이 깊다고 할 수 있다. 『어린이』는 창간호부터 11호까지 5전, 1924년 1월호인 12호부터는 10전, 1925년 9월호인 32호부터는 15전으로 인상하였다가 1927년 12월호인 54호부터는 돈이 없어서 못보는 독자를 위해 5전을 내려 다시 10전으로 인하하여 1934년 2월호인 117호까지 유지하였다. 이후에는 낙질로 인하여 가격을 알 수 없으나 10전을 유지하였을 가능성이 높다. 이렇게 책값을 낮게 유지함으로써 『어린이』에 대한 접근성을 최대한 확대하고자 노력하였다.

창간 당시 『개벽』과 『신여성』 가격이 각각 50전과 30전이었고, 1924년 10전으로 인상한 것도 사실은 한 달에 두 번 발행하던 것을 한 번 발행하면서 쪽수를 늘린 후 가격을 올린 것이니 실질적으로는 가격 인상이 아닌 셈이다. 15전으로 인상된 1925년에는 책의 면수가 30면 정도 많아지고 부록도 한 가지에서 두 가지로 되어 인상요인이 있었다. 1927년 다시 10전으로 인하하면서 부록도 한 가지로 축소하였다. 이와 같이 『어린이』는 판매가격을 저렴하게 함으로써 독자를 크게 증대시킬 수 있었다.

그러나 이 때문에 『어린이』를 출판하는 개벽사는 다달이 234원에 달하는 빚을 졌다. 이에 대해 방정환은 다음과 같이 말하였다.

"『어린이』가 하도 몹시 많이 팔려 퍼지니까 세상에서는 개벽사에서 『어린이』를 팔아 부자가 되고 있는 줄 알고 있습니다. 그러나 실상은 한

어린이날 축하

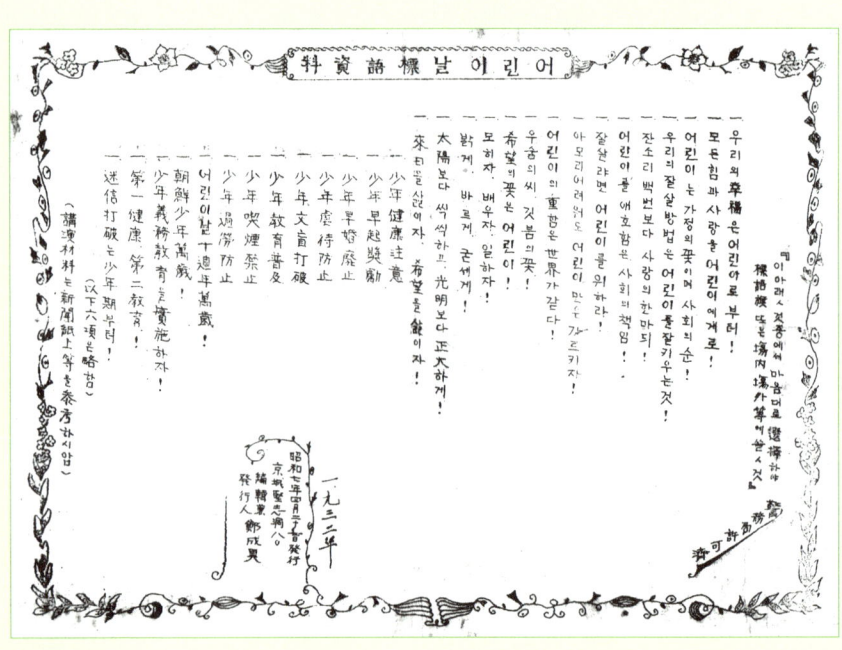

어린이날 표어 자료

달에 『어린이』로만 꼭 234원씩 달달이 빚지면서 하여 왔습니다."

『어린이』 발간은 상업적인 것이 아니라 다른 목적이 있었다. 방정환은 『어린이』 발간이 소년운동 일환이었음을 밝히고 있다.

"짓밟히고 학대받고 쓸쓸스럽게 자라는 어린 혼을 구원하자. 이렇게 외치면서 우리들이 약한 힘으로 일으킨 것이 소년운동이요 각지에 선전하고 충동하여 소년회를 일으키고 또 소년문제연구회를 조직하고 한편으로 『어린이』 잡지를 시작한 것이 그 운동을 위하는 몇 가지의 일입니다. 물론 힘이 너무도 약합니다. 그러나 약한 대로라도 시작하자! 한 것입니다. 가련한 조선 소년들을 위하여 소년운동을 널리 선전하고 더 넓게 넓혀가자. 한 사람에게라도 더 위안을 주고 새로운 기운과 혼을 넣어주기 위하여 『어린이』를 더 잘 꾸며가고 더 넓히어 가자! 우리의 온갖 노력은 전혀 여기에 있을 뿐입니다."

『어린이』는 창간호부터 7호까지 12면으로 신문 형식으로 발행되다가 1923년 9월 발행된 8호부터 책의 형식을 취하면서 지면도 26면과 46면으로 확대하였다. 1924년 1월호인 12호부터는 46~62면으로 발행되었고, 1925년 9월 책값이 15전으로 인상되면서 76~94면으로 발행되었다. 이후 책값이 인하되었어도 책의 면수는 이 정도 분량에서 유지되었다. 발행기간도 창간 당시에는 한 달에 두 번 발행하던 것을 1923년부터는 거의 매달 발행하였다. 거의 매달 발행되었다는 표현은 일제의 검열에 의해 발행할 수 없었던 달도 있었기 때문이었다.

그렇다면 『어린이』를 실질적으로 만든 인물은 누구일까? 흔히 이 사람들을 편집인이라고 한다. 『어린이』 창간호에는 판권과 간기가 기재되

三千萬同胞에告함

世界는方今理想的新社會를創造하려는新氣運에쌔여잇다, 二次에걸친世界大戰은新段階에臨하려는大破壞大苦悶이엇다. 朝鮮은이新氣運에依하야一躍새社會에參與할好運兒가되엿다, 그러나美蘇兩軍의南北分駐, 政黨의亂立, 大衆의思想的彷徨, 失業者沙汰等々의憂慮하지안을수업는現實에當面하엿다

敬愛하는同胞여! 이嚴正冷酷한現實을克服하고偉大한理想下에民族革命과社會革命을完成하려면엇더케할것인가?

一, 民族的自主獨立을完成하기爲하여는모―든主張을一時保留하고強力한統一戰線을結成하자
一, 빛나는우리의傳統(文字、言語、道德等)을살녀서新文化를創建하자
一, 各職場各大衆集會를通하야政治的訓練을活潑히展開하자
一, 勤勉誠實의生産하는民族이되자
一, 事人如天의精神에맞는새倫理를樹立하자
一, 우리의모―든生活을科學化식히자

天道敎靑友黨

삼천만 동포에게 고함-천도교청우당

지 않아 발행인과 편집인이 구체적으로 드러나 있지 않으나 제2호부터 1925년 7월호인 30호까지 편집 겸 발행인은 김옥빈金玉斌으로 되어 있다. 그는 1919년 천도교청년교리강연부 발기인, 1921년 조선인산업대회 발기인, 1931년 천도교청우당 경성부 감사위원 후보, 1934년 천도교청년당 중앙집행위원 등 주로 천도교를 중심으로 활동한 인물이었다. 그런데 그가 어떠한 이유로 『어린이』 편집 및 발행인이 되었는가를 확인하기는 어렵다. 박현수 연구에 따르면, 그가 직접 『어린이』 편집을 담

당한 것 같지는 않다고 한다.

"맨 처음에는 방선생님이 그때 일본 도쿄에 계신 관계로 독자 여러분에게서 모여온 글과 그 외 여러 가지가 한 번 도쿄로 건너가서 거기서 편집되었다."

이러한 『어린이』 기사나, 이정호 증언에서 『어린이』 편집을 실제로는 방정환이 담당하였음을 확인할 수 있다.

"당시 『어린이』 편집에 있어서는 순전히 도쿄에 가 계신 방씨의 손으로 원고와 체제까지 짜여 나왔다."

이렇게 김옥빈을 전면에 내세우고 후면에서 편집을 담당하던 방정환은 1925년 8월에 발간된 『어린이』 31호부터 1931년 2월에 발간된 82호까지 편집과 발행인으로서 편집과 발행을 담당하였다. 방정환이 병으로 누워 사망하기 전까지 『어린이』 편집과 발행을 담당했다는 사실을 알 수 있다.

그의 사망 이후 1931년 8월호부터 1934년 2월호인 117호까지 편집과 발행은 이정호에 의해 이루어졌다. 이정호 편집인 체제는 『어린이』 창간 당시 김옥빈 편집인 체제와 마찬가지로 표면상에 불과하였다. 당시 이정호는 『신여성』 편집업무를 담당하고 『어린이』는 신영철이 실제 편집을 담당한 것으로 판단된다. 이정호는 이에 대해 이렇게 말했다.

"방선생의 환원으로 신여성에도 관계를 갖게 되어 주로 신영철선생이 이 『어린이』를 위하여 많은 애를 써주시게 되었다."

이정호는 천도교소년회 회원으로서 일찍이 소년운동에 참여하였다. 개벽사에 입사한 후에는 방정환을 도와 『어린이』와 『신여성』 등 잡지를

어린이날 포스터(1923년 5월 1일)

어린이날 포스터(5월 1일)

편집했다. 그는 최병화·연성흠 등과 함께 아동문학연구단체인 '별탑회'를 조직하여 소년운동에 주력하였다. 그는 1933년 동요「망두석 재판」을 비롯해 1927년「농부와 토끼」, 1935년「아가씨와 요술할멈」, 「이상한 연적」을 비롯하여「정의는 이긴다」 등 개작 전래동화와 창작동화를 발표하는 등 왕성한 활동을 전개했다. 이러한 작품들은 대부분 우정·정의·애국심 등을 고취하는 내용이었다.

한편 외국작품 번역과 동화구연에도 많은 활동을 보였다. 국내에 처음으로 번역·소개한 『사랑의 학교』는 민족적 자각을 깨치는 작품으로 평가된다. 저서로는 세계 각국의 동화를 번역하여 수록한 『세계일주동화집』이 있다. 또한 동화회童話會 혹은 동화방송으로 구연동화가로서도 두각을 나타내었다.

이와 같이 방정환과 마찬가지로 이정호도 『어린이』 편집·발행과 동화·동요의 창작·번역에 종사하였다. 그는 스스로 말하고 있듯이 이미 방정환이 편집인으로 있을 때부터 『어린이』 편집을 비롯한 여러 가지 업무를 담당했다. 그는 『어린이』 창간 당시에 이렇게 말했다.

"선전 또는 일체 집무에 있어서는 그때 소년회원의 한 사람으로 있던 필자가 개벽사의 한 귀퉁이를 빌어 이를 담당하고 있었다."

이후 그는 1926년 8월호(43호)부터 '편집실로 옮겨 와서 편집에 손을 늘였다'고 하여 자신의 업무가 편집업무로 고정되었음을 밝혔다.

12 천도교소년회를 지도하다

천도교소년회를 조직하다

앞에서 언급했듯이 방정환의 소년운동은 천도교사상에 근거하였다. 천도교가 운영하던 대표적인 종합잡지는 『개벽』이었다. 당시 천도교의 이론가들은 『개벽』을 통해 담론을 이끌어 나갔다. 소년운동에 대한 것도 마찬가지로 이를 통하여 필요성이 주장·논의되었다.

김기전은 「장유유서의 말폐」에서 전통사회의 유교적 제도와 체제가 소년의 인격을 말살했다고 주장했다. 이를 통해 조선이 해방된 근대사회로 나아가기 위해서는 소년을 해방시키는 것이 필요하다는 것이 김기전의 생각이었다. 천도교의 소년운동은 바로 이러한 인식에서 출발하였다. 그의 논문 이후 『개벽』에는 소년문제에 대한 다양한 논의가 수록되었다. 묘향산인(김기전)은 「종래의 효도를 비판하여 금후의 부자관계를 성언함」에서 종래 효도를 계술제일주의·위친제일주의·회고제일주의라 하면서 비판하였다. 즉 부모는 자녀보다 앞선 세대이므로 그의 사

천도교소년회

상은 자녀의 사상보다도 항상 일보 뒤의 사상인데 이를 고수하여 인습을 형성한다며 비판하고, 부모에게 효도하라 함은 부모의 심지와 신체가 있음을 알되 자기의 존재는 알지 못하는 것이라 비판하고, 부모를 봉양하는 것이 자식된 도리이므로 자기 자식을 양육하지 못한다고 비판하였다. 이는 유교의 '효' 사상을 전면적으로 비판한 내용이었다.

　이러한 바탕에서 이돈화는 소년교육에 대해 언어 교육, 유희를 통한 교육, 의복과 침식 교육 등의 가정교육을 강조함과 동시에 유치원과 소년단 등을 통한 교육을 촉구하였다. 여기에서 주목되는 것은 소년단이다. 이 소년단은 1921년 5월 조직된 천도교소년회와 같은 소년단체를 의미한다고 생각된다. 더 나아가 이돈화는 「신조선의 건설과 아동문제」에서 다음과 같이 말하였다.

"우리 조선 현하의 개조사업을 고찰한다 하면 어느 것이던지 다 같이 근본적 개조를 요치 아니 하는 자, 하나도 없는 듯합니다. 그리하여 모든 근본적 개조의 사업 중에 근본적의 근본적 될 자는 먼저 인물의 개조이겠습니다. 일의 성패는 경영에 있으며, 경영의 선부善否는 인물에 있으며, 인물의 실부실實不實은 오로지 교육의 력力에 있나니, 그러므로 인물의 양성은 모든 근본적 사업 중 가장 큰 근본사업이 되겠습니다. 이와 같이 조선의 개조사업이, 아니 세계의 개조사업이 먼저 인물 개조에 있다 하면 그 개조의 목표는 '사람' 본위에 있는 것이요, 그리하여 사람의 개조 본위는 온전히 아동문제에 있다 합니다. 곧 아동을 해결함이 곧 장래 세계를 해결함이요, 장래 모든 문제를 해결하는 근본적 해결이 될 것입니다."

이돈화의 주장은 소년단 조직은 곧 인간 개조를 위한 것이며, 인간 개조는 아동문제에 있다는 사실을 강조한 것이다. 이돈화에게 천도교소년회는 아동문제 해결을 위한 첫걸음이자 실천 기관이 되는 셈이었다. 그는 이를 위해 어린이에게 경어를 사용할 것을 다음과 같이 제안하였다.

"우리는 참고 겸 지금 우리 조선 사람들의 아동에 대한 태도의 일례를 들어 봅시다. 우리들이 우선 아동에게 대한 말버릇이 무엇입니까. 아동에 대한 가장 높은 말이 '이 애, 이리 오너라. 저리 가거라' 함으로부터 '이 자식 망할 자식', 더 심하면 '이 종간나 새끼', ' 지랄벼리깨 같은 새끼' 등의 말로써 아동에게 대하게 됩니다. 참으로 필단筆端으로 쓰기 엄청난 어법이 한 두 가지 아닙니다. 그러므로 우리 조선 아동은 처음으로 먼저 배우는 말이 쌍말입니다. 생각하야 봅시다. 사람의 감정을 발표하는 말버릇부터가 이와 같이 불인도不人道 부덕행不德行이 되고 나서야 다시 모든 관계가 순조로 진행할까."

그의 말은 '사람성性주의'에 기초하고 있었다. 이것은 사람 본위의 세상을 만들고자 하는 문제였다. 이는 이돈화만이 아니라 천도교청년회가 『개벽』을 창간한 이후 1920년대 초반 『개벽』의 논조와 밀접한 관련이 있다. 즉 『개벽』은 '개벽'이든 '개조'이든 당시 세계의 모든 운동은 '사람 그대로 살기 위한 수단'으로 인식하였다. 따라서 방정환·김기전 등 소년운동을 주창한 인물들의 사상도 이 범주에서 벗어나지 않았다고 볼 수 있다.

이러한 흐름 속에서 보면 이돈화의 천도교소년회에 대한 언급은 이미 김기전·방정환 등과 사전에 공감되었던 것이라 생각된다. 이들은 소년운동을 준비하기 위한 이론적 토대를 마련하고 천도교청년회 포덕부 산하에 1921년 4월 덕지례德智禮의 발육 방법과 실행을 강구하기 위해 소년부를 설치하였다. 그리고 5월 1일 어린이의 인격 옹호, 어린이의 정서 함양, 건전한 사회성의 함양을 목적으로 이를 천도교소년회로 개칭했다. 이어 회장 구자홍, 간부 김도현·신상호·정인엽·장지환, 총재 김기전, 고문 정도전·박사직, 지도위원 이병헌·박용희·차용복·강인택·김상율·조기간·박래옥·김인숙 등을 선임하였다.

　방정환은 일본 유학 관계로 이 임원진에 들어있지 않다. 그러나 총재인 김기전은 방정환과 소년운동에 대해 밀접하게 의논하던 사이였다. 지도위원인 차용복과 조기간은 천도교청년회 도쿄지회의 조선 순회강연을 했을 때 함께 연사로 참여했다. 그러므로 방정환은 천도교소년회의 창립에 직·간접적인 참여를 하였을 것이라 짐작된다. 이에 대해 이정호와 유홍렬은 각각 다음과 같이 말하였다.

　"그리하여 우선 방학 중에 귀국하시어 천도교회에서 뜻 맞는 몇 분과 상의하신 후 비로소 소년운동의 첫 봉화인 천도교소년회를 조직하시고 방학기간이 찰 때까지 친히 나서서 열심히 회원을 모으고 조직을 튼튼히 하고 선전을 굉장히 하셨습니다. 그리고 그 때부터 어린 사람에게 일체로 경어를 쓰도록 하셨습니다. 선생의 노력이 헛되지 않아서 다시 일본으로 건너가실 때 쯤 해서는 회원이 약 400~500명이나 되고 기초도 큰 단체인 교회를 배경으로 하였기 때문에 제법 튼튼하게 자리가 잡혔습니다."

　"본격적인 소년운동은 1921년 여름방학 때에 동경으로부터 돌아온 방정환이 천도교소년회를 창시한 데서 비롯한다. 아동문제와 아동예술을 연구해 온 방정환은 전국 각지를 순회 강연하면서 장래의 일꾼이 될 어린이를 존중할 것을 외치고 ……."

　천도교소년회 조직에 방정환이 여름방학을 이용하여 일정하게 기여했다는 사실이다. 특히 이정호는 방정환이 천도교소년회 조직에 핵심적인 역할을 했다는 의미로 서술한 것으로 보인다. 이를 통해 볼 때 어떠

조선소년 척후대 발대식

조선소년군 1주년 기념식

한 형태로든 방정환이 천도교소년회의 창립에 기여했다는 것은 명백한 것으로 판단된다.

　천도교소년회에 대해 설명하기 전에 잠시 식민지 조선의 소년운동에 대해 개관하자. 사실 전통시대 우리나라에서 소년운동이라 할 만한 것은 없었다. 앞에서 보았듯이 어린이는 막대해도 되는 상대 정도의 인식이 있었을 뿐이었다. 이러한 어린이에 대한 인식을 바꾸고자 한 것은 동학이었고, 일제의 침략이 본격화되고 국운이 기울면서 애국계몽운동을 전개하는 과정에서 어린이교육이 강조되고 활성화되었다. 이러한 과정에서 최남선은 잡지 『소년』을 창간하여 계몽을 통하여 소년의 민족의식을 각성시키고자 하였다. 이렇게 성장한 민족의식은 3·1운동 때 빛을 발하였다. 이후 민족지도자들은 소년들에게 민족의식을 더욱 고취시키고 소년을 조직하자는 의미에서 소년단체나 어린이단체를 조직하기에 이르렀다. 1921년 천도교소년회가 조직됨으로써 식민지 조선에 소년운동이 탄생하게 되었다. 이후 1922년 10월 조철호가 조선소년단을 조직하였다. 이에 대해 조철호는 다음과 같이 말하였다.

　"오직 석달 전에 시작된 조선보이스카우트의 운동이 계해년(1923년) 1년 중에 전 조선을 통하여 일어나기를 바라는 그것이외다. 그렇게만 되면 죽어도 한이 없겠습니다. 내가 이 운동의 발흥이 있기를 이와 같이 전심력全心力으로써 암구暗求하는 것은 다른 뜻이 없습니다. 먼저 사람이라는 그 자체의 개조로부터 시작하여 이 사회의 모든 허식과 악습에 선전, 육박하자 함이외다. 그리함에는 먼저 사람의 시초인 소년의 개조에 착수하여 그들로 하여금 사회를 위하고 자기를 위하기에 최적절한 자각과 시련을 가지게 하자 함이외다. 조선보이스카우트! 그의 일반을 설명한 취지서와 단칙(團則)은 모두 인쇄가 되었습니다. 청구하시는 이에게는 절하여 드리겠습니다."

이는 곧 조선보이스카우트의 목적 역시 인간 개조에 있음을 명확히 한 것이다. 위에서 언급한 바와 같이 천도교소년회가 '사람성주의'의 연장 속에서 조직되었으므로 두 소년운동단체는 목적을 같이 하고 있음을 알 수 있다.

식민지 조선 최초의 소년단체가 무엇인가에 대해서는 명확하지 않았다. 식민지 조선 최초의 소년단체는 1919년 3월 대한민국임시정부의 산하로 연해주 신한촌에서 조직된 '신한촌소년애국단'이라고 한다. 이것은 조선 국내가 아니라 해외에서 조직되었으므로 우리나라 최초라 할 수 있는가에 대해 논란의 여지가 있다. 국내에서 조직된 것으로는 '안변소년회'와 '왜관소년회'가 있었다. 두 소년회는 모두 1919년 조직되었다. 조직 일자는 정확하게 알 수 없다. 다만 안변소년회는 회원의 자격을 15~16세로 하였으며, 왜관소년회는 회원수가 수백 명에 달하였다. 『어린이』 창간호에는 다음과 같이 우리나라 최초의 소년회가 '진주소년회'라 기록되어 있다.

> 글방이나 강습소나 주일학교가 아니라 사회적 회합의 성질을 띠인 소년회가 우리 조선에 생기기는 경상남도 진주에서 조직된 진주소년회가 맨 처음 이었습니다.

천도교 학생회(1924)

앞의 기사는 '사회적 회합의 성질'을 가진 소년회의 시초로 진주소년회를 지칭하였다. 이 기록이 정확하다면 앞의 안변소년회나 왜관소년회는 '사회적 회합의 성질'을 가진 소년회가 아니라 '글방이나 강습소나 주일학교'와 같은 성격을 갖는 소년회일 가능성이 있다고 보는 것이 타당하다. 이렇게 보면 1920년 8월 20세 이하의 학생·청년으로 조직된 진주소년회는 '사회적 회합의 성질'을 갖는 최초의 소년회로 볼 수 있지 않을까 한다.

진주소년회는 1921년 3·1운동을 기념하는 만세운동을 준비하다가 강민호·김경홍·김경택·최경진·박우삼세·김삼룡·정한조·임쌍세 등

8명의 소년이 징역형과 집행유예형을 언도받고 해체되었다. 진주소년회의 이러한 해체에 대해『개벽』은 다음과 같이 말하였다.

> 벌써 연전의 일로 기억된다. 경상남도 진주시내의 소년들이 소년회를 조직하여 그 하는 일이 매우 재미스럽던 중 그만 중도에 만세운동을 일으킨 탓으로 그 간부는 일체로 검거되고 그 회는 해산되었다. 이 사실은 당시 신문지상으로 누차 보도된 바 생각하면 일반의 기억이 오히려 새로울 것이다. 말하면 그 소년회가 우리 사회에 나타나자 곧 없어진 것은 마치 우담화(優曇華)가 잠깐 웃다가 곧 스러짐과 한가지였다. 그러나 소년회!라 하는 곱고 아름다운 이름은 영원히 우리들 기억의 한 모퉁이를 차지하게 되었으며 소년회를 조직하였었다! 하는 그 사실은 조선소년으로서 자각의 첫소리가 되었었다. 반드시 그 소년회의 울림에 응하여 그리된 것은 아니겠지마는 조선소년들은 작년(1920년) 이래로 자각의 정도가 훨씬 나아져서 혹은 단, 혹은 회, 혹은 구락부, 혹은 계의 명칭 등으로써 기다의 소년집회가 다수 지역에서 일어남을 보게 되었으며, 소년 즉 아동의 일이라 하면 눈도 거들떠 보지 아니하던 우리 어른들 사회에서도 이 소년들의 놀음을 얼마큼 흥미있게 관찰케 되었다.

인용문에서 보듯이『개벽』은 진주소년회의 만세운동을 긍정적으로 평가하면서 진주소년회의 해체를 아쉽다는 의미로 서술하였다. 이로 보아 앞에서 '사회적 회합의 성질'을 가진 최초의 소년회를 진주소년회라 할 때 '사회적 회합의 성질'이란 사회운동 혹은 민족운동을 의미하는 것으로 이해할 수 있다. 천도교가 조직한 천도교소년회는 이러한 '사회적 회합의 성질'을 지향하고 있었다고 추측된다. 이 단체 활동 가운데 『개벽』은 다음 네 가지를 가장 잘 한 일로 예시하였다.

(1) 회원 상호 간에 서로 경어敬語를 사용하여 애경愛敬을 주主하는 일
(2) 회원 상호간의 우의友誼를 심히 존중하여 질병이거든 반드시 상문相問하고 경사이거든 반드시 상하相賀하되 그 중에 혹 불행하는 동무가 있거든 추도회 같은 일까지 설행設行하여 소년의 인격人格 자중심自重心을 기르는 일
(3) 일요일이나 기타 휴일에는 반드시 단체로 명승고적을 심방尋訪하여 그 심지를 고상숭결高尙崇潔케 하는 일
(4) 매주간에 2차의 집회를 행하여 사회적 시련試鍊을 게을리 아니하는 것

여기에서 볼 수 있듯이 천도교소년회는 어린이에 대한 존중과 사회적 훈련, 그리고 개인의 계발을 위한 활동을 전개하였음을 알 수 있다.

김기전과 의기투합하다

여기에서 명확히 해야 할 것은 천도교소년회의 조직과 관련된 김기전과 방정환의 역할에 대한 부분이다. 소년운동은 곧 방정환이라는 등식이 성립하고 있는 현실에서 천도교소년회 역시 방정환이 조직했다고 하는

인식이 일반적이다. 앞에서 보았듯이 방정환은 당시 일본 유학 중에 있었으므로 천도교소년회 조직에 직접적으로 관여할 수는 없었다. 곧 방정환이 아니라 다른 인물이 천도교소년회 조직에 중심적인 역할을 하였음을 알 수 있다. 그 인물이 김기전이었다. 이에 대해 성봉덕(표영삼)은 다음과 같이 증언하여 일반의 인식에 대해 재고할 것을 촉구하였다.

"소년운동에 주력한 지도자로는 김기전·방정환·박래홍 선생을 들지 않을 수 없다. …… 초기 단계에서는 소춘 김기전 선생이 결정적인 역할을 담당 …… 김기전 선생은 세 분 선생 중 유일하게 국내에 계시면서 교회 활동을 하신 분이다. …… 1921년 4월에 천도교청년회 포덕부에 유소년부를 설치 …… 뒤이어 5월에 천도교소년회를 조직한 것도 소춘 선생이 할 수밖에 없었다. …… 이 해 6월 5일에 발표된 천도교소년회 총재에 소춘 김기전 선생이 추대된 것은 우연한 일이 아니다. 바로 천도교소년회를 창시하는데 이념적인 정립과 조직적인 역할에 앞장 선 분이 소춘 김기전 선생이기 때문이다."

그의 증언에서 볼 수 있듯이 김기전은 천도교소년회 조직에 결정적 역할을 수행한 것은 틀림없다. 더 나아가 소년운동의 이론 정립에도 크게 기여하였다. 특히 「장유유서의 말폐」, 「개벽운동과 합치되는 조선의 소년운동」, 「5월 1일은 어떠한 날인가」 등 소년운동에 대한 글을 썼다. 윤석중도 김기전은 소년운동의 이론가, 방정환은 행동가로 규정하였다. 물론 김기전도 생활 속에서 소년운동을 철저히 실천하였다. 방정환의 아들 방운용은 이에 대해 다음과 같이 말했다.

"소춘 선생님은 어린이들을 만나실 때면 언제나 '우리 소년들' 하시며 일일이 주문을 외우시고 염주 대신으로 어린이들의 손을 잡고 기도를 했지. 그런데 그 때는 그 큰 뜻도 모르고 무섭다고 피하기만 했으니 지금 생각해보면 죄송하기 그지 없소이다. 사실 경어쓰기운동을 펼친 분도 우리 아버지와 소춘 선생이셨는데 아버님은 위로 어른을 모시고 살았기 때문에 집에서는 존대말을 쓰지 않으셨지. 하지만 소춘 선생은 달랐어. 집에서도 꼬박꼬박 존대말을 썼으니 정말 대단한 실천가였지."

그러면 김기전과 방정환은 어떠한 관계였는가. 이에 대해서는 소춘小春과 소파小波라는 그들의 호의 유래에 대한 설명을 통해 부분적이나마 엿볼 수 있다. 먼저 소파라는 호에 대한 방정환의 설명을 그의 아내 손용화가 이렇게 말했다.

"세상을 떠나시기 며칠 전이었답니다. 혼수상태에서 깨어나 맑은 정신이 들자 부인의 손을 잡으며 이렇게 말씀하셨답니다. '부인, 내 호가 왜 소파인지 아시오? 나는 여태 어린이들 가슴에 '잔물결'을 일으키는 일을 했소. 이 물결은 날이 갈수록 커질 것이오. 뒷날에 큰 물결, 대파大波가 되어 출렁일 테니 부인은 오래오래 살아 그 물결을 꼭 지켜봐 주시오.'"

한편 이상금은 방정환의 소파라는 호는 김기전의 소춘이라는 호와 함께 지었다고 한다. 즉 소파와 소춘은 천도교 경전인『동경대전』의 용담수류사해원龍潭水流四海源 구악춘회일세화龜岳春回一世花에서 차용했다고 주장한다. 이는 '용담의 물이 흘러 온 세상 바다를 이루는 근원이 되고 구미산에 봄이 다시 돌아오니 온 세상이 꽃이로구나'라는 것으로 용담의 물결은 시천주 신앙이며 이것이 널리 퍼지면 춘삼월 봄날 같은 지상천국이 이루어지는 개벽이 온다는 뜻이다. 따라서 이들의 호는 자신들의 활동을 통해 지상천국을 이루겠다는 의미를 내포하고 있다. 일부의 주장처럼 방정환이 일본의 근대 국수주의 아동문학가 이와야 사자나미巖谷小波의 것을 표절했다는 주장은 잘못된 것이다.

방정환이 이와야 사자나미를 표절했다는 주장은 두 사람의 삶의 궤적이 유사하다는 점을 근거로 한다. 즉 방정환은 한국 아동문학의 개척자, 외국 동화의 번안 번역자, 옛이야기 재화자, 동화구연가, 잡지 발행과 편집인 등으로 이와야 사자나미가 일본의 아동문학사에 남긴 공헌과 비슷한 발자취를 남겼다. 그런데 두 사람이 살았던 시대의 사회적 배경, 아동문학의 사조가 달랐을 뿐만 아니라 두 사람은 근본적으로 서로 다른 사상과 상이한 성장과 이력을 지녔던 사실을 주목해야 한다. 방정환과 이와야 사자나미를 일대일로 대응시켜 비교하면서 방정환이 이와야 사자나미를 그대로 따랐던 것처럼 논의하는 것은 방정환 개인의 삶을 왜곡하는 일일 뿐만 아니라 방정환으로부터 뿌리 내린 한국 근대 아동문학의 성격을 제대로 규명하지 못하게 하는 결과를 가져올 수 있기 때문이다.

그렇다면 방정환이 언제부터 천도교소년회와 직접 관계를 맺었을까? 앞에서 보았듯이 천도교소년회가 창립되었을 때 김기전이 총재가 되었고 방정환은 그 어떠한 직책도 맡지 않았다. 방정환과 김기전은 '소춘'과 '소파'라는 호를 사용하기로 한 것과 김기전이 방정환의 집을 방문할 정도로 친밀한 사이였다. 두 사람은 소년운동에 대한 생각을 공유하고 있었다. 이러한 이유로 방정환은 1921년 7월 일본에서 일시 귀국

경성방송국(교외)

하였을 때 천도교소년회 초청으로 강연을 하기도 하였다. 바로 이 장면이 방정환과 천도교소년회원들의 공식적인 첫 만남이다. 이를 계기로 방정환은 천도교소년회와 긴밀한 연락을 하기 시작한 것으로 보인다.

동화구연회로 활동영역을 확대하다

이후 방정환은 앞에서 본 바와 같이 각지를 돌아다니면서 강연과 동화구연을 하였다. 특히 1925년 3월 20일부터 30일까지 『어린이』 창간 2주년 기념으로 서울을 비롯한 대구·마산·부산·김천·인천 등지에서 '소년소녀대회'를 열었을 때 그 선전포스터에 '방정환씨 출장 참석합니다.'라는 문구를 삽입하는 것만으로도 대단한 광고 효과를 얻었다. 그가 천도교당에서 동화회를 열 때 입장권을 1,000매 발행했으나 늘 2,000여 명씩 와서 많은 사람들이 돌아가는 사태가 발생할 정도였다. 이와 같이 그의 동화회는 각지에서 크게 환영을 받았다.

동화구연회는 단순히 동화를 구연만 하는 모임이 아니라 계몽과 조직화의 중요한 수단이었다. 동화구연에 익숙하지 않은 사람들이나 초심자를 위한 실용안내서인 『화방연습실연동화제일집話方練習實演童話第一集』이 발행되기도 하였다. 이 책은 심의린 저작이다. 그는 교동보통학교와 경성사범학교 부속보통학교의 교사로 있었으며, 1926년 그가 펴낸 『조선동화대집』은 한글로 출판된 최초의 동화집으로 알려져 있다. 계명구락부와 조선광문회·조선어연구회(현 한글학회)에 참여하여 평생을 한글 연구에 바쳤다. 그는 1927년 조선어연구회의 기관지 『한글』 창간에 참여하고, 1928년에는 조선광문회의 『조선어사전』 편찬사업의 제1차 조사위원으로 어휘조사와 문법연구에 전념하였다. 이 책은 동화구연의 필요성을 느끼고 이를 전파하기 위해 저술한 것으로 보인다. 이렇게 방정환의 동화구연은 학교 교육에도 영향을 미쳤다.

13 색동회를 조직하다

색동회로 어린이에 대한 관심을 환기시키다

색동회는 1923년 3월 16일 도쿄 센다가야 온덴千駄谷穩田 101번지 방정환이 하숙하던 집에서 조직되었다. 중심인물은 방정환·강영호·손진태(와세다대학)·고한승(니혼대학)·정순철·조준기(이상 도요대학)·진장섭(도쿄고등사범학교)·정병기 등이었다. 이 단체가 오늘날까지 존속하고 있는 어린이문화단체이다.

  방정환 등은 이날 회합에서 색동회의 활동을 동화·동요를 중심으로 하고 일반 아동문제까지 포함할 것을 결정하였다. 이에 대해 정인섭은 『색동회어린이운동사』에서 겉으로는 아동문학을 통해 일반 아동문학을 전개하자는 것으로 식민지 지배하에서 민족 계몽운동을 전면에 내세울 수 없었던 사정에서 연유하는 것으로 이해하였다. 그의 이러한 해석은 윤극영의 다음 수기에서 보다 명확해진다.

우리는 밤이 이슥한 줄도 모르고 노래를 불렀다. 나는 열심히 피아노를 쳤다. 그러나 갑자기 소파는 "왜 우리가 일본 노래를 부르지?" 하고 물어왔다. 나는 처음에 멍청했다. 드디어 소파가 나를 찾아온 이유의 본론에 접어들고 있었다.

"나라도 뺏기고 말도 뺏겼는데 왜 노래마저 일본 노래를 부르지?"

"우리 고유한 노래가 없잖아."

"그래. 노래가 없다. 그것이 문제야. 우리는 3·1운동으로 뭔가 되찾는 줄 알았다. 그러나 아무 것도 못하고 실패만 했지. 실패만 했어. 우리는 그래도 괜찮다. 그래도 우리는 알고 있어. 문제는 어린 아이들이야. 그들에게는 우리의 노래도 없다. 윤극영, 어린이에게 줄 노래를 지어라. 그들은 10년, 20년이 흐르면 바로 우리나라를 지고 갈 역군이다."

1920년대 조선총독부의 문화통치는 계몽운동까지 탄압하지는 않았다. 오히려 자신들의 통치에 문화운동을 이용하고자 민족주의계열의 여러 인물들과 단체들을 회유하고자 하였다. 이에 부응하여 일부 세력은 자치론을 주장하고 나왔다. 소년운동 역시 이러한 흐름에서 벗어나지 않았다. 그리하여 1925년 정홍교를 중심으로 한 사회주의계열의 소년운동단체 오월회가 조직되었다.

방정환이 이와 같이 천도교소년회라는 소년운동단체 외에 새로운 소년운동단체를 조직하고자 한 것은 그의 활동이 항상 천도교라는 테두리를 벗어나지 못한다는 데에 있었다. 그는 소년운동을 전국적인 운동으로 발전·확대시키기 위해서는 천도교라는 테두리를 넘어 그 외연을 조선 사회 전 부문에 걸친 소년운동단체를 조직하고자 하였다. 이러한 배경에서 조직된 것이 색동회라 할 수 있다. 이에 대해 방정환은 다음과 같이 말하였다.

"짓밟히고 학대받고 쓸쓸스럽게 자라는 어린 혼을 구원하자! 이렇게 외치면서 우리들의 약한 힘으로 일으킨 것이 소년운동이요, 각지에 선전하고 충동하여 소년회를 일으키고 또 소년문제연구회를 조직하고 한편으로 『어린이』잡지를 시작한 것이 그 운동을 위하는 몇 가지의 일입니다."

방정환 등이 『어린이』를 창간한 것은 짓밟히고 학대받고 쓸쓸하게 자라는 조선의 어린이들을 구원하기 위하여 소년회나 소년문제연구회와 같이 소년들을 깨우치기 위함이었다. 여기에서 소년문제연구회는 곧 색동회를 말한다. 따라서 색동회는 천도교소년회가 조직된 1921년 이래 어린이문제에 대한 방정환의 고민이 반영된 것이라 할 수 있다. 1923년 3월 16일 발기회에서 방정환 등은 회의 명칭을 추상적 혹 상징적으로 하여 각자가 회의 명칭을 생각하여 차기 회의에서 정하기로 한 후 1923년 3월 30일 제2회 회의에서 윤극영

색동회 회록(1923년 3월 16일)

색동회 회원 기념

이 제안한 색동회를 채택하기로 일단 합의한 후 보류하였다가 1923년 4월 14일 제3회 회의에서 색동회를 확정하였다. 색동회의 명칭 채택이 보류된 이유는 색동회의 색이 한문 색色으로 인식될 수 있기 때문이었다. 즉 색동회의 색동은 색동저고리의 색동으로서 순수 우리말이었다.

어린이날을 제정하다

이렇게 결정된 색동회는 조선소년운동협회 주최의 제1회 어린이날이 거행되던 1923년 5월 1일 도쿄의 만세바시萬世橋역 근처에서 창립되었다. 창립일을 5월 1일로 정한 색동회는 진장섭과 방정환의 제안에 따라 어린이날을 제정하기로 하였다. 이에 5월 1일을 어린이날로 정하고 다음과 같은 호소문을 발표하였다.

어른에게 드리는 글

- 어린이를 내려다 보지 마시고 쳐다보아 주시오.
- 어린이를 가까이 하시어 자주 이야기하여 주시오.
- 어린이에게 경어를 쓰시되 늘 부드럽게 하여 주시오.
- 이발이나 목욕, 의복 같은 것을 때 맞춰 하도록 하여 주시오.
- 잠자는 것과 운동하는 것을 충분히 하게 하여 주시오.
- 산보와 원족 같은 것을 가끔가끔 시켜 주시오.
- 어린이를 책망하실 때에는 쉽게 성만 내지 마시고 자세히 타일러 주시오.
- 어린이들이 서로 모여 즐겁게 놀 만한 놀이터와 기관 같은 것을 지어 주시오.
- 대우주의 뇌신경의 말초는 늙은이에 있지 아니하고 젊은이에게도 있지 아니하고 오직 어린이들에게만 있다는 것을 늘 생각하여 주시오.

어린 동무들에게

- 돋는 해와 지는 해를 반드시 보기로 합시다.
- 어른에게는 물론이고 당신들끼리도 서로 존대하기로 합시다.
- 뒷간이나 담벽에 글씨를 쓰거나 그림 같은 것을 그리지 말기로 합시다.

- 꽃이나 풀을 꺾지 말고 동물을 사랑하기로 합시다.
- 전차나 기차에서는 어른에게 자리를 사양하기로 합시다.
- 입을 꼭 다물고 몸을 바르게 가지기로 합시다.

이때 부른 어린이날 노래는 다음과 같다.

어린이날 포스터

1. 기쁘다 오늘날 오월 일일은
   우리들 어린이의 명절날일세
   복된 목숨 길이 품고 뛰어 노는 날
2. 기쁘다 오늘날 오월 일일은
   반도 정기 타고 난 우리 어린이
   길이 길이 뻗어날 새 목숨 품고
   즐겁게 뛰어 노는 날
   (후렴)
   만세 만세 같이 부르며
   앞으로 앞으로 나아갑시다
   아름다운 목소리와 기쁜 맘으로
   노래를 부르며 가세.

색동회의 발족이 있었던 5월 1일이 어린이날이었으므로 색동회원은 경성에서 열렸던 어린이날 행사에는 참석하지 못하였다. 진장섭은 이에 대해 다음과 같이 말하였다.

"그러나 우리 색동회 회원들은 도쿄에서 창립총회를 갖게 됨으로써 어린이날 행사에는 참석할 수 없었습니다. 그래서 부득이 소파가 관계하고 있는 서울 천도교소년회와 개벽사 간부에게 기별하여 제1회만은 우리는 참석을 못하게 되지만 여러 단체와 의논하여 성대하게 시행하여 주기를 3월 20일자로 소파가 직접 편지를 냈습니다."

이는 색동회를 조직한 방정환이 천도교소년회와 개벽사를 통해 어린이날을 제정하고 어린이날 행사를 개최하는데 영향을 끼쳤음을 의미한다. 전조선소년지도자대회에서 강의를 한 연사 중 김기전을 제외한 방정환·조재호·진장섭·윤극영·정순철·조준기·고한승은 모두 색동회 회원이었다. 그런 만큼 전조선소년지도자대회는 사실상 색동회가 주최한 것이라 볼 수 있다.

색동회 창립 이후 소년운동은 더욱 발전하였다. 천도교소년회·불교소년회·조선소년군 등이 1923년 4월 17일 천도교소년회 사무실에서 조선소년운동협회를 결성하였다. 이 단체는 소년운동의 조직 확대를 위하여 결성된 조직체로서 상설기관이 아니라 1922년 천도교소년회가 처음 시작한 어린이날 기념행사를 전국규모의 행사로 확대하기 위하여 조직된 비상설기관이었다. 이 단체는 매년 5월 1일을 어린이날로 정하고 전국적으로 기념식을 성대하게 거행하였다. 7월 23일부터 일주일간 색동회와 어린이사의 공동주최로 전조선소년지도자대회를 개최했다.

어린이들의 조기체조 광경

전조선소년지도자대회를 추진한 이유는 1921년 봄 소년운동이 일어난 이후 곳곳에서 조선소년회와 소년군이 조직되고 있는 현실에서 소년운동 지도자들이 한 자리에 모여 통일적으로 연구할 필요성이 있었기 때문이었다. 전조선소년지도자대회에 참가한 단체는 강진소년회·대전소년회·파주소년회·이천소년단·진주천도교소년회·선전소년군·마산불교소년회·철원소년회·배천소년회·안주소년회·평산문화소년회·평양천도교소년회·옹진소년회·이천유치원·이천양정여학교 등과 성진·안성·북청·경성의 유지들이 참여하였다. 전조선소년지도자대회의 일정은 다음과 같았다.

제1일

(1) 조선 소년운동의 지위 김기전
(2) 소년문제에 관하여 방정환
  ㉮ 그 의의와 실제
  ㉯ 각국 소년운동의 실제
  야간 : 자유토의

제2일

(1) 아동교육과 소년회 조재호
  ㉮ 교육의 근본 의의
  ㉯ 현대 학교교육 상태와 그 결정
  ㉰ 소녀운동과 소년회 기타
  야간 : 자유토의

제3일

(1) 동요에 관하여 진장섭
  ㉮ 아동생활과 동요
  ㉯ 시와 동요, 민요와 동요
  ㉰ 조선동요론
(2) 동요에 관한 실제론 윤극영·정순철
  ㉮ 동요의 취택에 관한 주의
  ㉯ 발성 교수에 관한 주의

(3) 동화에 관하여 방정환
　㋐ 아동생활과 동화
　㋑ 동화의 종류와 의의
　㋒ 아동의 생활과 심리와 동화와의 관계
　라 동화구연에 관한 주의
　야간 : 동화대회 개최
(4) 동화극 조준기
　㋐ 동화 희곡화의 정신적 가치
　㋑ 동화극의 제작과 연출
　㋒ 아동극 반대자와 그 논거
(5) 동화극의 실제 고한승
　㋐ 아동극 재료 취택문제
　㋑ 상연에 관한 제 주의
　야간 : 자유토론

제4일
(1) 시내 소학교 및 유치원 견학 당국자의 경험담, 질문 및 토의
야간 : 동요 및 동화극대회 개최

제5일
(1) 소년운동의 진행에 관하여 주최편 또는 참가편에서 제출한 의안의
　토의

야간 : 동화극대회 개최

제6일
(1) 간친회

이렇게 조직적인 차원에서 운동과 함께 그는 어린이들을 직접 만나는 활동도 전개했다. 즉 1923년 9월 22일 천도교당에서 열린 가을놀이 소년소녀대회에서 동화구연을 하였다. 이날에는 방정환이 『어린이』 창간호에 게재한 동극 '노래주머니'가 동화극으로 꾸며졌다. 11월 18일과 11월 25일에는 경성도서관 주최로 소파 동화회가 개최되어 대성황을 이루었다. 방정환이 일본에서 완전 귀국한 것이 1923년 늦가을이므로 1923년 7월부터 9월 사이의 그의 활동은 조선과 일본을 왕복하면서 행한 것이었다.

아동작품전람회를 개최하다

다른 한편 색동회는 잡지 『어린이』 창간과도 밀접한 관련이 있다. 『어린이』는 색동회원의 활동무대가 되었다. 회원들은 이 잡지에 많은 글을 투고하였다. 또한 색동회는 1928년 세계아동예술전람회를 개최하였다. 이는 어린이에게 더 넓고 더 큰 세상을 보여주기 위해 계획되었다. 구상은 1925년 『어린이』 창간 2주년 기념호의 광고에서 찾을 수 있다.

세계 각국의 소년소녀 작품이 한 집에 모여서 전에 없던 꽃대궐, 예술의 나라를 이루리니 조선 소년들이여 그대들도 재주를 뽐내라!

이는 곧 세계 각국의 소년들과 어깨를 나란히 하고 경쟁할 수 있는 조선 소년의 양성을 꿈꾸었던 것이라 할 수 있다. 이 계획에 따라 방정환은 자유화·수공품·편물·자수 등의 작품을 모집하였다. 1925년 10월 개최 예정이던 전람회는 응모 작품이 부족하여 실패로 돌아갔다. 방정환은 이에 굴하지 않고 1926년 3월호의 『어린이』에는 독일에서 응모한 아동작품을 사진으로 소개하면서 전람회 개최에 대한 의지를 안팎으로 보였다. 그러나 1927년과 1928년은 천도교 내분·개벽사 사건·소년운동의 분열 등으로 적극 추진하기 어려웠다.

이러던 중 1928년 도쿄에 있던 색동회원 정인섭이 이헌구·김광섭이 아오야마 유치원장과 일본의 동요작가 사이조 야소西條十八, 일본서화협회의 다케이 다케오武井武雄의 도움을 받아 1,000여 점의 세계 각국의 어린이 작품을 모아 경남에서 아동작품전시회를 개최하였다는 사실을 알려왔다. 색동회는 이 전시회를 서울에서 대규모로 개최하기로 하고 1928년 8월 2일 방정환·조세호·정순절·진상섭·정인십이 회합하여 이헌구를 색동회원으로 추천하고 김광섭을 포함한 7인이 협의하여 세계아동예술전람회를 개최하기로 하였다. 이는 1925년 방정환의 계획과 맥을 같이 한다. 계획은 구체적으로 진행되어 색동회와 어린이사가 공동주최가 되고 동아일보사가 후원을 하기로 결정되었다. 작품 출품 자격은 16세 이하의 어린이로 정했으며, 자유화와 수공품 등의 작품을 모집하였다. 그리고 9월 25일에는 준비위원을 다음과 같이 결정하였다.

총무부 : 방정환, 김기전, 이성환
재무부 : 신영철, 최경화
정리부 : 차상찬, 이헌구, 이석호
설비부 : 이재호, 김규택, 손영섭, 홍세환
선전부 : 이을, 김기진, 유광렬, 이익상, 유도순, 이두성, 최의순.

이 전람회에는 제1부 전조선 아동작품, 제2부 세계 각국 아동작품(십수 개국), 제3부 내외국 유치원 아동작품, 제4부 아동극·인형극·가면극(내외국 사용 실물과 사진), 제5부 내외국 아동 영화 사진·세계 저명 동화극 사진, 제6부 각국 아동잡지·과외독물·각국 아동서적·제7부 각국 아동 생활 풍물 사진, 제8부 세계 각국 아동 예술가 초상·동화작가·동요작가·기타, 제9부 각기 소년소녀회합 포스터 및 프로그램, 제10부 내외국 아동 장남감, 특별관, 일본 화가협회 걸작 원화, 특작 원화 40점 등을 출품하였다.

전람회는 1928년 10월 2일 개장되었다. 입장료는 어른 10전, 아동과 학생 5전, 40명 이상의 단체는 1인당 3전 등이었다. 전람회는 개장 4일째인 10월 5일부터는 야간에도 개장하였으며, 본래 10일까지 일주일을 예정하였으나 2일을 연장할 정도로 대단한 반향을 불러일으켰다. 이 전람회의 관람객은 65개 단체 7,920명, 개인으로는 어른 8,330명, 어린이 1,296명으로 모두 합하면 39,021명이었다. 전람회에서는 전시 외에도 방정환의 동화 구연, 유치원생들의 율동, 배재고보의 음악대와 천도교소년회의 찬조 음악 등도 공연되었다. 이 세계아동예술전람회를 개최하는데 결정적인 역할을 하였던 이헌구는 이에 대해 다음과 같이 술회하였다. 이는 방정환의 의도와도 일치하는 것이었다.

"1928년 학부대학으로 진학했다. 그때 나는 4~5인(이 중에는 김광섭의 형도 있었다)과 백광회白光會라는 작은 문학 서클을 갖고 있었는데, 5월 어느날 나는 여름방학을 이용한 계몽활동을 계획해보자는 지극히 단순한 얘기를 하였고, 지역도 내 고향인 함북 일대를 예상했던 것이다. 그런 발의를 한 이후 나는 무엇을 해야 할 것인가에 대한 심한 고민에 봉착했다. 당시 유행처럼 되어 있던 것이 유학생 하기강연회 아니면 소인극 순연들에 국한되어 있었다. 나는 그 두 가지 다 부적임이기도 하지만 너무 평범한 것이라는 생각에 마음이 선뜻 내키지 않았다. 이렇게 수주일을 두고 생각하고 생각한 끝에 내 머리를 스치고 간 하나의 아이디어가 떠올랐는데 그것은 고향에 있는 어린이들에게 도움이 되는 선물을 마련해가자는 것이었다."

14 소년운동이 분열하는 가운데 사망하다

소년운동이 분열되다

3·1운동 이후 소년운동은 발달하기 시작하였다. 특히 천도교소년회가 '사회적 회합의 성질' 하에서 조직되면서부터 점차 활발하게 전개되었다. 이외에도 조선소년단·조선소년군·불교소년회 등도 조직되었다. 방정환은 1923년 4월 17일 이들 단체 등 40여 개의 소년운동단체와 함께 조선소년운동협회를 조직하고 소년운동을 통일적으로 전개하기 위하여 매년 5월 1일을 조선의 어린이날로 정하였다. 5월 1일 천도교당에서 어린이날 기념식을 거행했다. 기념식에서 다음과 같이 소년운동에 대한 선언이 발표되었다.

소년운동의 기초 조항
본 소년운동협회는 어린이날의 첫 기념되는 5월 1일인 오늘에 있어 고요히 생각하고 굳이 결심한 나머지 감히 아래와 같은 세 조건의 표

조선소년군 단보(제11호)

조선소년군 기(1922)

방을 소리쳐 전하며 이에 대한 천하 형제의 심심한 주의와 공명과 또는 실행이 있기를 바라는 바이라.

- 어린이를 재래의 윤리적 압박으로부터 해방하여 그들에게 대한 완전한 인격적 예우를 허하게 하라.
- 어린이를 재래의 경제적 압박으로부터 해방하여 만 14세 이하의 그들에게 대한 무상 또는 유상의 노동을 폐하게 하라.
- 어린이들이 고요히 배우고 즐거이 놀기에 족할 각양의 가정 또는 사회적 시설을 행하게 하라.

이러한 조선소년운동협회 주장은 김기전의 주장과 일치하는 것으로 이는 조선소년협회를 천도교소년회가 주도하고 있음을 보여준다.

다른 한편 1923년 7월 23일 어린이사와 색동회의 공동주최로 전선지도자대회를 개최하여 소년운동을 주도하였다. 어린이사와 색동회의 실질적 지도자가 방정환이었음을 생각하면 전조선지도자대회 역시 조선소년운동협회와 결코 무관하다고는 할 수 없다.

1923년 5월 어린이날 행사를 주도한 이후 한동안 유명무실했던 조선소년운동협회는 1924년 4월 21일 어린이사에서 임시회를 개최하고 소년운동에 대한 절차와 방침을 협의하여 선전포스터 4,000여 매와 선전전단 24만 장을 인쇄하여 전국 130곳의 소년단체에 발송하기로 결정하였다. 이 결정에 따라 경성에서는 어린이날에 선전 전단의 배표와 어린이대회, 어머니대회, 동요와 음악무도회·동화회·운동회 등을 거행하였다. 지방에서도 이와 유사한 행사가 전개되었다. 일부 지방에서는 조선총독부 경찰에 의해 행사가 금지되거나 중지되기도 하였다.

    1925년에도 조선소년운동협회는 어린이날 행사를 논의하는 등 어린이날 행사를 준비하였다. 이 해에는 사회주의운동이 확산되면서 조선총독부 경찰당국에 의해 어린이날 행사가 금지되었으나 경찰 당국과의 협의하에 행사가 무사히 진행되었다. 1925년 어린이날 행사에서 특기할 사항은 어린이날 노래가 제정된 점이다. 방정환이 쓴 가사에, 야구응원가 「정엄하고 활발한 야구수들아」의 곡조에 맞춰 불렀다. 어린이날 노래의 가사는 다음과 같다.

    기쁘구나 오늘날 5월 1일은
    우리들 어린이의 명절날일세
    복된 목숨 길이 품고 뛰어 노는 날
    (후렴)
    만세 만세를 같이 부르며
    앞으로 앞으로 나아갑시다.
    아름다운 목소리와 기쁜 맘으로
    노래를 부르며 가세

    기쁘구나 5월 1일은
    반도 정기 타고난 우리 어린이
    길이길이 뻗어날 새 목숨 품고

소년척후대의 빈민구호 활동(1925년 12월)

즐겁게 뛰어 노는 날

한편 1920년대 중반에 접어들면서 청년운동·농민운동·노동운동 등 부문별 민족운동과 마찬가지로 소년운동도 사회주의계열과 민족주의계열의 분화가 이루어졌다. 1920년대 초 수용된 사회주의에 기반한 소년운동이 천도교 중심의 민족주의계열의 소년운동에 타격을 주기 시작하였다.

사회주의에 입각하여 조직된 최초의 소년단체는 1923년 3월 조직된 반도소년회라고 볼 수 있다. 이를 이끌던 정홍교는 1923년 10월 서울소년단을 조직하려 하였으나 조선총독부 경찰에 의해 금지되었다. 1925년 1월에는 박대성·윤석중·이기용·김두형 등이 발기하여 서울무산소년회를 조직하였다. 1923년 7월 23일 마산소년단이 결성되어 지방에서도 사회주의 소년단체가 조직되기 시작했다. 이처럼 1923년 이후에는 사회주의적 소년운동단체가 중앙과 지방에서 결성되었다.

이와 같이 사상이 다른 소년운동단체의 성립은 활동 방향의 혼선을 초래하였다. 이에 소년운동을 질적으로 발전시키기 위해 소년운동 지도자 양성과 소년운동 통일기관의 설립이 추진되었다. 불교소년회·반도

조선소년군 1회 지도자 연구회(1923년 7월 25일)

소년회·새벗회·명진소년회·선명청년회 소년부·중앙기독교청년회 소년부·천도교소년회 등 12개 단체는 1925년 5월 24일 불교소년회관에서 경성소년지도자연합회 발기총회를 개최하였다. 이에 따라 1925년 5월 31일 경성시역의 소년난체들이 연합하여 경성지역 소년단체의 지도자 연합회적 성격의 오월회를 조직했다.

오월회는 1926년 3월 경성소년연맹으로 전환을 시도하였으나 실패하였다. 이는 사회주의적 소년운동단체로 전환을 의노했던 것이다. 이에 오월회와 조선소년운동협회는 각각 어린이날 행사를 준비하였다. 이는 방정환 중심의 조선소년협회와 정홍교 중심의 오월회로 소년운동이 분열되어가는 과정이었다. 특히 오월회는 전국적인 소년운동단체의 조직을 목적으로 전국 소년단체의 통계표를 작성하기로 하였다. 이러한 소년운동의 분열 양상은 1927년에도 마찬가지였다. 1927년에는 어린이날 행사를 위한 조선소년협회와 오월회의 경쟁은 더욱 치열해졌다. 이러한 상황 속에서 전개된 1927년의 어린이날 행사는 성대하게 거행되었다. 그러나 소년운동단체의 분열은 소년운동의 발전에 커다란 장애가 되었다.

이와 같은 상황에서 오월회와 조선소년군총본부는 1927년 5월 15일 조선소년연합회를 발기하였다. 방정환은 이 조선소년연합회의 창립준비위원으로 선정되었다. 당시는 정우회의 '방향전환론'이 수용되던 시기였고, 신간회가 성립하는 등 민족협동전선운동이 활발하게 전개되고 있었다. 이러한 분위기 속에서 조선소년연합회는 1927년 10월 16일 창립되어 방정환이 위원장에 선출되었다. 오월회는 1928년 2월 6일 경성소년연맹으로 전환하기 위하여 오월회를 해체하였다. 이와 함께 1928년 3월 25일 조선소년연합회 제2회 정기대회에서 조선소년총동맹이 결성되었다. 그러나 종로경찰서의 반대로 명칭을 조선소년총연맹으로 변경하였다. 이리하여 민주주의적 중앙집권체제의 소년운동단체의 성립을 보게 되었다. 이를 바탕으로 각 지방에서는 군단위의 소년동맹 조직이 활발하게 이루어졌다. 군소년동맹의 연합체인 도소년연맹의 조직도 추진되었다.

1928년 12월 27~28일 이틀간 거행되었던 조선소년총연맹 제2회 정기대회에서 중앙집행위원 선거과정에서 연령문제가 불거지면서 경

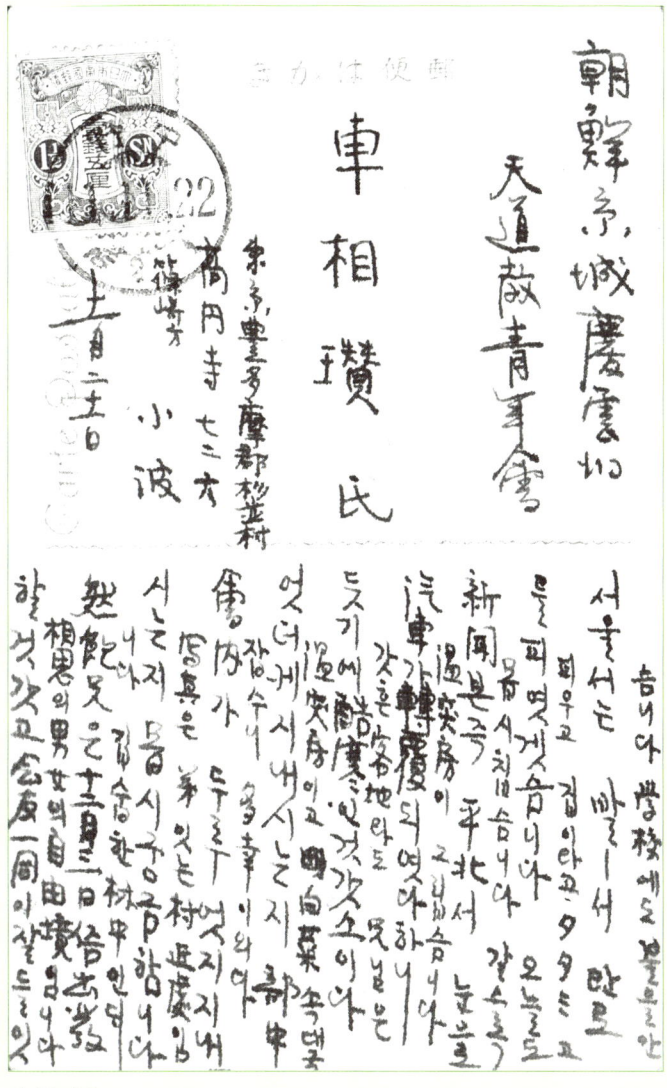

방정환 엽서

성소년연맹측의 대의원이 모두 퇴장하는 사태가 발생하였다. 이는 소년운동 내부에 다른 입장이 존재하였음을 보여준다. 이러한 상황은 조직 문제와 사업 추진 과정의 문제 등 다양한 입장 차를 반영하는 부분이다. 더욱이 1929년 광주학생운동에 대한 각 지방 소년동맹 지도부의 참여와 이들에 대한 일제의 검거는 상황을 더욱 어렵게 하였다. 1930년 1월 2일 『조선일보』에 보도된 방정환과 정홍교의 원탁회의에서 확인된 소년운동의 분열 원인은 지도방침에 있었다. 이는 곧 이념문제로 인해 소년운동이 분열되었음을 의미한다. 즉 정서 함양을 중심으로 한 교양 중시적인 시각을 가진 방정환 중심의 세력과 사회운동의 한 부문운동으로서 소년운동을 강조하는 정홍교 시각으로 대표된다.

　이러한 상황은 1930년 어린이날 행사를 조선소년총연맹이 지도할 수 없는 상황이었음을 보여준다. 이리하여 1930년의 어린이날 행사는 유야무야되었다. 1931년 3월 18일 경성지역의 소년단체 대표자들이 어린이날 행사를 준비하기 위하여 전선어린이날중앙연합준비회를 결성하고 방정환은 총무부 위원으로 선정되었다.

　그런데 이 무렵 방정환의 건강은 매우 안좋은 상태였다. 방정환이 실제 이 준비회의 활동에 참여할 수 있었는가는 확인되지 않는다. 이에 대해 경성지역의 일부 소년단체들 사이에서는 조선소년총연맹이라는 최고기관이 있음에도 불구하고 개별 단체를 조직한 것은 문제가 있다는 인식 하에 전선어린이날중앙연합준비회반대동맹이 조직되어 소년운동은 다시 분열하게 되었다.

작별을 고하다

이렇게 소년운동이 분열하고 있을 무렵 방정환은 10여 년에 걸친 소년운동과 개벽사의 부채 등 정신적·육체적 피로로 건강이 극도로 악화되었다. 윤극영의 「나의 이력서」를 인용하여 정인섭은 1930년 방정환의 건강 상태를 다음과 같이 썼다.

> 나는 1930년에 간도에서 한 번 서울에 온 적이 있다. 집안일 때문에 잠깐 들렀던 것이다. 나는 안국동 앞 별궁(현 원호빌딩) 앞에서 소파 방정환을 만났다. 먼발치서 보니 뚱뚱한 소파는 길갓 돌 위에 앉아 가쁜 숨을 쉬며 잠깐 쉬고 있었다.
> "윤극영, 오랜만이네. 언제 왔나? 이제는 와도 괜찮아. 다시 와야겠어."
> 그는 말을 하는 것조차 힘이 드는 듯 했다.
> "왜 어디가 아프오?"
> "심장도 약하고 당최 못 베기겠어. 무슨 병인지도 알 수 없고……"
> 그의 손에 약병이 들려있었다. 나에게 빨리 돌아와서 같이 일을 하자고 당부했다.

방정환은 이미 1930년에 병색이 완연했다. 그러함에도 그는 윤극영에게 같이 일하자고 할 만큼 소년운동에 열심이었다.

그러나 10년여 동안의 무리한 소년운동은 그를 정신적·육체적으로 한계에 다다르게 했다. 그는 결국 1931년 7월 16일 신장염과 고혈압으

방정환 영결식

방정환 동상 건립 모금 전달(1969년 9월 9일)

로 경성제국대학 부속병원에 입원하였고, 상태는 계속 악화되었다.

　죽음을 앞둔 전날 밤, 그는 옅은 미소 띠운 채 친근한 얼굴로 병실을 가득 메운 동료·친구·친지·선배·후배들에게 일일이 악수를 청하였다. 그리고 다음날 새벽 7월 23일 06시 54분에 끝내 이승을 등지고 말았다.

　그는 친구들에게 유언을 남겼다.

　"어린이를 두고 가니 잘 부탁하오."

　자식들에게는 "공부 잘 해야지"라고 당부하고, 동화 같은 마지막 말을 남겼다.

　"여보게, 밖에 검정말의 검정차가 와서 검정 옷을 입은 마부가 기다리니 어서 가방을 내다 주게."

　그의 나이 만 31년 9개월의 짧은 삶이었다.

　7월 26일, 그는 홍제원화장장洪濟院火葬場에서 화장하였다. 3일장으로 장례를 치르고, 천도교당 앞마당에서 추도식을 행하니 식장은 어린이들의 울음바다가 되었다.

15 방정환의 필명을 다시 본다

다양한 필명을 사용하다

필명이란 글을 써서 발표할 때 사용하는 본명이 아닌 이름이다. 예술활동의 필요에 따라 예명을 쓰기도 하고 필명 또는 호를 쓰기도 한다. 서양에서는 『제인에어』로 유명한 영국의 샬롯 브론테Charlotte Bronte를 비롯한 『폭풍의 언덕』의 에밀리 브론테Emily Bronte, 『와일드펠 홀의 소유주』의 앤 브론테Anne Bronte 등 세 자매는 여자 이름으로 작품을 발표하면 남녀 차별 때문에 출판 자체가 안 되거나 여자라는 이유로 업신여길까 우려해서 각각 커러 벨Currer Bell, 엘리스 벨Ellis Bell, 액턴 벨Acton Bell이라는 필명을 사용하여 작품 활동을 몰두하였다. 동양에서는 중국 국민당을 이끌었던 장제스는 장중정이라는 필명을 사용하였고, 우리나라에서는 천도교의 이론가 중의 한 사람인 김기전이 묘향산인妙香山人, 이돈화는 백두산인白頭山人이라는 필명을 사용했다.

특히 19세기 말부터 20세기 초 신문이나 잡지 등의 편집에 참여하였

방정환 동상건립 기공식(1971년 5월 5일)

던 인물들은 대개 호를 2~3개 정도는 갖고 있었다. 『황성신문』과 『대한매일신보』의 주필을 역임하였고, 단재 신채호와 함께 민족주의사학의 대표적 학자이며, 대한민국임시정부의 제2대 대통령이었던 박은식은 겸곡謙谷 · 백암白巖 · 태백광노太白狂奴 · 무치생無恥生 등의 호를 사용하였다. 또, 구한말 언론과 교육 활동뿐만 아니라 신민회 활동을 통해 애국계몽운동을 전개하고 일제의 국권 강탈 이후에는 무장투쟁론을 주장하였으며, 한때 무정부주의 활동을 전개하였던 신채호도 많은 이름을 사용하였다. 호는 단재丹齋 · 일편단생 片月生 · 단생月生, 필명은 금협산인錦頰山人 · 무애생無涯生 · 열혈생熱血生 · 한놈 · 검심劍心 · 적심赤心 · 연시몽인燕市夢人, 가명은 유맹원劉孟源 · 박철朴鐵 · 옥조숭玉兆崇 · 윤인원尹仁元 등이었다.

『개벽』 폐간호

이처럼 박은식과 신채호가 많은 필명과 호를 쓴 까닭은 독립운동에 종사하였으므로 일제에 혼동을 주어야했기 때문이다. '나라를 잃은 미친 놈'이라는 뜻으로 사용된 박은식의 태백광노는 이들의 애족·애국심을 표현한다고 할 수 있다.

이와 같이 호와 예명·필명 등은 그것을 사용하는 사람들의 의도를 반영한다. 또한 자신의 고향 이름을 그대로 사용하는 경우도 있어 이를 사용하게 된 배경을 이해하는 것이 매우 중요한 의미를 지닌다.

방정환도 필명이 많기로 유명한 사람이다. 그의 필명은 ㅈㅎ생·ㅅㅎ생生·소파·잔물·소파생·SP생·에스피생·목성牧星·CWP·CW생·북극성北極星·몽중인夢中人·몽견초夢見草·쌍뺨S생·SS생·삼산인三山人·성서서인城西人·운정雲庭·길동무·파영波影·은파리·깔깔박사·직이영감·잠수부·견초 등이 있다. 이외에도 허삼봉·금파리·너덧물·신감초 등도 방정환의 필명으로 짐작되지만 아직은 특정할 수 없다.

필명에 담겨 있는 방정환의 꿈

ㅈㅎ생은 방정환의 '정환'에서 따온 것이고, 여기에 소생小生의 생을 붙여 겸양의 의미를 담았다. 주로『청춘』과『유심』에 투고할 때 사용하였으며, 이후『개벽』·『어린이』·『신여성』등에도 사용하였다. 소파는 방정환이 가장 오랜 동안 사용한 필명이자 호이다. 이 필명은『개벽』·『어린이』는 물론『동아일보』·『조선일보』와『천도교회월보』등에 투고된 글에서도 발견된다. 소파라는 필명에서 소파생·SP생·에스피생 등이 파생되었다. 잔물이라는 한글 필명도 소파를 우리말로 번역한 것이다. CWP·CW생은 자신의 영문이름의 첫 글자를 따왔다.

북극성은『77단의 비밀』·『동생을 찾으러』·『소년 삼태성』·『소년 사천왕』·『누구의 죄』등 탐정소설에서 사용하였다. 몽중인은 1923년~1924년 사이에 주로『어린이』에 실린 외국 동화작품의 번안 혹은 번역물에 사용했다. 몽견초는 몽중인과는 달리 1926년~1929년 사이에『어린이』에 자주 사용하였다. 쌍S생·SS생은 모두 쌍S생의 의미이다.『어린이』에는 한 번도 사용되지 않고 주로『신여성』·『별건곤』·『학생』등에서 사용하였다. 이 필명들은 주로 르포나 취재기사와 같은 탐사기에 사용되었다. 삼산인은『어린이』의 교양 상식, 실용 기사의 필명으로 주로 사용되었다. 이 필명은 그가 태어난 북한산, 즉 삼각산의 삼산에 인人을 붙인 것으로 생각된다. 운정은 주로『동아일보』·『조선일보』·『중앙일보』에 사용하였으며,『어린이』에는 동화극「귀여운 피」에 유일하게 사용하였다. 길동무는 자주 사용한 필명은 아니며, 지리·소개·특별기사에 사용하였다. 파영은 『개벽』·『신여성』·『별건곤』·『혜성』의 탐사기나 인물 소개 등의 글에 사용했다.

방정환 어록비

방정환의 삶과 자취

1899. 11. 9	서울 야주개에서 어물전과 미곡상을 경영하던 방경수의 장남으로 출생
1903	5세부터 7세까지 천자문 공부
1905. 4	전교생 중 가장 어린 나이로 서대문 근처 보성소학교(8년 과정) 유치반에 입학. 신 서당식·군대식 교육을 받음
1907	동네 동무들을 모아 놓고 연극 흉내를 곧잘 냄
	증조부의 사업 실패로 도정궁 앞 사직동 초가집으로 이사
1908	소년입지회 조직하여 회장으로 활동
1909	매동보통학교에 입학
1910. 10. 4	매동보통학교에서 미동보통학교 2학년으로 전학
1913. 3. 25	미동보통학교 4학년 졸업
11.	선린상업학교 입학
	잡지 『청춘』에 투고하기 시작
1914	선린상업학교 중퇴
1915	총독부 토지 조사국의 사자생으로 취직하여 유광렬과 함께 봉놋방에서 기거
1917. 4. 8(음력)	권병덕의 천거로 33인의 대표 천도교 제3세 교조 의암 손병희의 3녀 용화와 결혼
	유광렬·이중각·이복원 등과 경성청년구락부 조직
1918. 5. 2	장남 운용 출생

	7.	보성전문학교(보성법률상업학교)에 입학
	12.	경성청년구락부 송년회를 봉래동 소의소학교에서 개최하고 첫 자작 각본인 소인극 'ㅇㅇ령(동원령)'을 주연하고 연출
		경성청년구락부의 기관지인 『신청년』을 유광렬과 같이 발간
		최초의 영화잡지인 『녹성』을 마해송·유광렬·이범일과 함께 발간
1919. 3. 1		지하신문 호외판 『조선독립신문』을 오일철 등과 함께 집에서 등사판으로 인쇄 배부
1920. 3		『신여자』 창간 편집 동인이 되어 2호까지 교정도 맡아 발간
		도쿄 유학의 길에 오름
		천도교청년회 도쿄지회 조직. 회장으로 선출
	6. 5	장녀 영화 출생
		『개벽』 일본 특파원
	8. 25	번역 동시 「어린이 노래 : 불켜는 아이」를 통해 '어린이'란 단어를 널리 사용
1921. 5. 1		천도교소년회를 개벽사주간 소춘 김기전·미소 이정호와 함께 조직
	6. 12	'천도교소년회 운동회'를 개최하고, 15일에는 '탁족회(소풍)'를 가짐
	6. 22~8. 6	천도교 주최 아래 '내일을 위하여', '살기 위하여'라는 연제로 전국을 순회 강연
	7. 10	천도교소년회 주최로 소년강연회를 개최
	9. 4	천도교 대강당에서 자작 사극 '신생의 일'을 연출·출연

	11. 10	천도교청년회 도쿄지회장으로서 태평양회의를 계기로 청년을 선동하여 저항운동을 계획했다는 혐의로 천도교청년회 박달성과 함께 종로경찰서에 구속
		『안데르센 동화』·『그림동화』·『아라비안나이트』를 초역한 세계명작동화집을 도쿄에서 번안 저술
1922. 3.		장인 손병희 사망
	5. 1	천도교소년회에서 '어린이의 날'이란 이름으로 '십년 후 조선을 려하라'는 전단을 시내에 배포하고 '어린이의 날'의 취지를 가두에서 자동차와 창가대를 동원하여 선전
1923. 1. 14		천도교소년회 주최로 '한네레의 죽음', '별주부전' 동극대회 개최
	3. 20	『어린이』 창간호를 도쿄에서 색동회 동인과 함께 편집하여 개벽사에서 창간
	3. 30	색동회 제2회 발기 회합을 가짐
	4. 14	색동회 회명 결정 및 발회 준비회를 가짐
		색동회 표어를 '씩씩하고 참된 소년이 됩시다. 그리고 늘 사랑하며 도와 갑시다'라고 지음
	4. 17	천도교당에서 조선소년운동협회 주최 소년연예회 개최
	4. 18	천도교당에서 조선소년운동협회 주최 '소년문제 강연회' 개최
	4. 28	도쿄에서 '소년문제 강연회' 개최
	4. 30	도쿄에서 색동회 조직, '어린이날' 제정
	5. 1	이미 3월 16일에 도쿄 소파댁에서 제1회 회합을 가진 바 있는 색동회가 도쿄에서 최초의 아동문제(아동문화운동) 단체로 정식 발족되어 창립 결성. 서울 천도교당에서 천도교

	소년회를 모태로 최초의 범사회적 '어른에게 드리는 글'과 '어린 동무에게 주는 말' '어린이날의 약속' 전단 12만 장 배포
5. 18	색동회선전과 하기대회 개최준비 회합
6. 9~7. 23	색동회에서 전국 소년지도자대회 및 아동예술 강습회 개최 결의
	색동회 주최로 제1회 아동문제 강연회와 아동예술강습회를 천도교 대강당에서 개최
11. 25	동화대회 개최
1924. 4. 21	제2회 어린이날 기념선전 준비위원회에 선출
5.	천도교당에서 제2회 어린이날 기념 축하식을 가짐
	천도교당에서 어머니·아버지 대회를 개최
	동대문 밖 상춘원에서 노동소년 위안회 및 대원유회를 개최
8.	천도교 대강당에서 전조선소년지도자대회를 소집하여 분산되어 있는 단체의 통일을 꾀함.
	『개벽』과 함께 『어린이』·『신여성』을 개벽사의 3대 잡지로 육성하는 데 진력
1925. 1. 13	차남 하용 출생
2. 22	천도교청년당 주최로 용사에서 '살아날 길'이란 연제로 강연
3. 21~30	『어린이』 창간 2주년 기념행사로 전국소년대회를 위해 지방을 순회
4. 20	제3회 어린이날 기념 선전준비 위원에 선출
4. 31	'귀만의 설움', '어린이날 이야기'란 연제로 특별 동화대회 개최

	5. 1	'제3회 어린이날' 기념식, 동화구연대회·강연회·기념여흥대회 개최
	5. 31	경성소년지도자연합회 지도위원으로 선출. 조선소년운동협의회 조직. 각 처에서 동화구연대회를 가짐
	6. 16~26	서울 시내 각 소년회 주최 오월회 후원으로 개최된 소년문제 강연회·소년지도자 강습에 강사로 출강
	8. 4	강연회 개최
	8	울산 언양에 있는 언양조기회 방문
	8. 26	어린이사 주최로 서울의 교통량 조사
	12. 12	소년소녀문예회 주최로 청진동 예배당에서 개최된 어머니대회에서 강연
		정순철·이정호와 함께 수원화성소년회 주최(최영주 지도) 동화회와 강연회 참석
1926. 5. 1		조선소년운동협회에서 순종 국장으로 인해 어린이날 행사 중지
	6. 10	'6·10만세운동'으로 예비 검속
	7.	최초로 동화 '어린이와 직업'을 라디오로 방송
	8. 25	어린이사 주최로 동화·동요·동극대회 개최
	10. 14	동화대회 개최
	12. 18	문예대강연회에 연사로 나감
1927. 4. 20		백상규·김명순 필화사건으로 개벽사의 차상찬과 함께 종로경찰서에 구속되어 서대문형무소에 미결로 있다가 26일 석방
	5. 1	어린이날 축하식이 조선소년운동협회와 오월회가 대립되어 따로 거행

	8. 9	동화회 개최
	10. 16	소년운동단체 오월회와 손을 잡아 조선소년연합회를 조직하고 그 위원장에 피선
		'어린이날'을 5월 첫째 일요일로 변경하기로 결의
1928. 2. 7		재경 소년단체와 연합으로 '어머니 대회'를 개최하고 '소년운동과 가정교양'이란 제목으로 강연
	3. 22	조선조선소년연합회가 조선소년총동맹으로 개칭되어 소년운동이 방향이 달라지고 일경의 압력이 심해지자, 소년운동단체에서 손을 떼고 일선에서 물러나『어린이』잡지와 동화구연대회·강연회 그리고 라디오를 통하여 어린이의 도움가 되는 한편, 중앙보육학교와 경성보육학교에서 아동문제와 동화에 관한 강의를 하는 데만 전심
	4. 17	차녀 영숙 출생
	5. 1	천도교기념관에서 1천 5백여 명이 모인 가운데 동화구연대회를 열어 대성황
	6. 5	단성사에서 '어린이날' 실황 기록영화와 극영화 상영
	10.	2일부터 9일간 기획한 지 만 4년만에 어린이사·개벽사 주최와 동화일보사 후원으로 서울 천도교기념관에서 색동회 동지들의 주선과 어린이사 주최로 20여 개국이 출품한 획기적인 '세계아동예술전람회' 개최
1929. 3. 1		개벽사에서 월간지『학생』창간
1931. 3. 1		월간종합지『혜성』창간
	7. 16	경성제국대학 부속병원 입원
1931. 7. 23		병실에서 향년 33세로 생을 마감
	7. 26	홍제원화장장에서 화장

참고문헌

자료

- 『소년』, 『새별』, 『청춘』, 『유심』, 『녹성』, 『신청년』, 『동명』, 『부인』, 『신여자』, 『개벽』, 『천도교회월보』, 『생장』, 『신인간』, 『보성』, 『학생』, 『별건곤』, 『신여성』, 『어린이』, 『혜성』.
- 『대한협회회보』, 『기호흥학회월보』, 『교남교육회잡지』.
- 『조선일보』, 『동아일보』, 『시대일보』, 『중외일보』, 『중앙일보』, 『매일신보』.
- 『천도교대헌』.
- 『조선총독부통계년보』, 『조선총독부시정년보』.
- 방운용 엮음, 『방정환문학전집』(전 10권), 문음사, 1981.
- 방운용 엮음, 『소파방정환문학전집』(전 8권), 문천사, 1979.
- 방운용 엮음, 『소파아동문학전집』(전 5권), 삼도사, 1965.
- 소춘김기전선생문집 편찬위원회, 『소춘김기전선생문집』(전 3권), 국학자료원, 2010~2011.
- 한국방정환재단, 『소파방정환문집』(전 2권), 하한출판사, 2000.

단행본

- 강동진, 『일제의 한국침략정책사』, 한길사, 1980.
- 권보드래, 『연애의 시대 – 1920년대 초반의 문화와 유행』, 현실문화연구, 2003.
- 김삼웅, 『33인의 약속 – 처음 밝히는 33인의 재판기록과 그 후 이야기』, 산하, 1997.
- 김정의, 『한국소년운동사』, 민족문화사, 1992; 『한국의 소년운동』, 혜안,

1999.
- 김정인, 『천도교 근대 민족운동 연구』, 한울, 2009.
- 김형목, 『대한제국기 야학운동』, 경인문화사, 2005.
- 민윤식, 『청년아, 너희가 시대를 아느냐』, 중앙M&B, 2003.
- 박선미, 『근대 여성, 제국을 거쳐 조선으로 회유하다 – 식민지 문화지배와 일본유학』, 창비, 2007.
- 박철하, 『청년운동 – 한국독립운동의 역사 30』, 한국독립운동사편찬위원회·한국독립운동사연구소, 2009.
- 백동현, 『친일파의 축재과정에 대한 역사적 고찰과 재산 환수에 대한 법률적 타당성 연구』(정책연구 04-1), 국회법제사법위원회, 2004.
- 안경식, 『소파 방정환의 아동교육운동과 사상』, 학지사, 1994.
- 염희경, 『소파 방정환 연구』, 인하대박사학위논문, 2007.
- 오성철, 『식민지 초등교육의 형성』, 교육과학사, 2000.
- 유광렬, 『기자반세기』, 서문당, 1963.
- 윤석중 편, 『방정환아동문학독본』, 을유문화사, 1962.
- 윤석중, 『어린이와 한평생』, 범양사, 1985.
- 이경민, 『한국 근대 사진사 연구 : 사진제도의 형성과 전개』, 중앙대박사학위논문, 2011.
- 이병담, 『한국 근대 아동의 탄생』, 제이앤씨, 2007.
- 이상금, 『사랑의 선물』, 한림출판사, 2005.
- 이인범, 『조선예술과 야나기 부네요시』, 시공사, 1999.
- 이재철, 『한국현대아동문학사』, 일지사, 1978.
- 임경석, 『한국 사회주의의 기원』, 역사비평사, 2003.
- 임재택·조채영, 『소파 방정환의 유아교육사상』, 양서원, 2000.
- 정인섭, 『색동회 어린이운동사』, 학원사, 1975.
- 조규태, 『천도교의 민족운동 연구』, 선인, 2006.
- 조기간, 『천도교청년당소사』, 천도교청년당본부, 1935.

- 차호일, 『소파 방정환의 아동교육사상』, 이서원, 1997.
- 천도교청년회중앙본부, 『천도교청년회80년사』, 2000.
- 한국 근·현대연극100년사편찬위원회, 『한국 근·현대 연극 100년사』, 집문당, 2009.
- 타카사기 소오지(최혜주 역), 『일본 망언의 계보』, 한울, 1996.
- 長尾十三二 外(송일지 역), 『신교육운동사』, 한마당, 1985.

논문
- 권병덕, 「청암 권병덕의 일생」, 『한국사상』 15, 한국사상연구회, 1980.
- 김대용, 「방정환의 '어린이'와 '소년' 개념에 대한 논의」, 『한국교육사학』 32-2, 한국교육사학회, 2010.
- 김순녀, 「색동회 동화구연활동이 유아교육에 미친 영향」, 건국대 석사학위논문, 1997.
- 김응조, 「소파선생의 뿌리와 배경」, 『나라사랑』 49, 외솔회, 1983.
- 박영희, 「초창기의 문단측면사」, 『현대문학』 57, 현대문학사, 1959.
- 박현수, 「잡지 미디어로서 『어린이』의 성격과 의미」, 『대동문화연구』 50, 성균관대학교 대동문화연구소, 2005
- 서은경, 「한국의 잊혀진 페스탈로치 소춘 김기전」, 『우리교육』 39, 1993.
- 성봉덕, 「천도교소년운동과 소춘선생」, 『신인간』 28, 신인간사, 1985(김정의, 『한국소년운동사』, 민족문화사, 1992에 재수록).
- 성주현, 「천도교청년당의 지도이념과 조직체계」, 『한국독립운동사연구』 33, 한국독립운동사연구소, 2009.
- 성주현, 「해월 최시형과 동학혁명 – 활동과 인식을 중심으로」, 『문명연지』 4-3, 한국문명학회, 2003.
- 성주현, 「일제하 천도교청년당의 민족교육 – 시일학교를 중심으로」, 『문명연지』 2-1, 한국문명학회, 2001.
- 손용화·방운용·김응조, 「소파선생과 소년운동〈대담〉– 소파선생 유족에게

들어본 천도교 소년운동」, 『신인간』 367, 신인간사, 1979.
- 송인재, 「초기 『신청년』에서 전개된 '청년' 담론의 기원과 성격」, 『인문과학』 45, 성균관대 인문과학연구소, 2010.
- 송준석, 「소춘 김기전의 아동 인격·해방의 교육사상」, 『한국교육사학』 17, 한국교육사학회, 1995.
- 오대록, 「일제강점기 상산 김도연의 현실인식과 민족운동」, 『한국독립운동사연구』 38, 한국독립운동사연구소, 2011.
- 유준기, 「천도교의 신교육운동」, 『산운사학』 6, 고려학술문화재단, 1992.
- 유홍렬, 「3·1운동 이후 국내의 민족운동」, 『3·1운동50주년기념논문집』, 동아일보사, 1969.
- 이기훈, 「1920년대 '어린이'의 형성과 동화」, 『역사문제연구』 8, 역사문제연구소, 2002.
- 이정호, 「파란 많던 방정환 선생의 일생」, 『신인간』 5·6월호, 신인간사, 1975.
- 이진구, 「천도교 교단조직의 변천과정에 대한 연구」, 『종교학연구』 10, 서울대 종교학연구회, 1991.
- 장신, 「양근환의 생애 고증 – 성장과정과 거사를 중심으로」, 『한국민족운동사연구』 67, 한국민족운동사학회, 2011.
- 정혜정, 「소파 방정환의 종교교육사상」, 『종교교육학연구』 18, 한국종교교육학회, 2004.
- 정혜정, 「일제하 천도교의 소년교육운동과 소파 방정환」, 『한국교육사학』 24-1, 한국교육사학회, 2002.
- 조규태, 「천도교내수단과 여성학교」, 『여성 – 역사와 현재』, 국학자료원, 2001.
- 한기형, 「근대잡지 『신청년』과 경성청년구락부」, 『서지학보』 26, 한국서지학회, 2002.
- 한기형, 「잡지 『신청년』 소재 근대문학 신자료(Ⅰ)」, 『대동문화연구』 41, 성

균관대 대동문화연구소, 2002.
• 大竹聖美, 「근대 일본 아동문화와 방정환」, 『인문과학연구』 22, 성신여대 인문과학연구소, 2004.

찾아보기

ㄱ

강매 40
강민호 138
강상희 72
강영호 69, 146
강인택 133
강진소년회 153
『개벽』 12, 43, 55, 57, 59, 60, 65, 76, 78, 79, 81, 95, 108, 115, 120, 122, 123, 130, 133, 139, 175
경성도서관 99, 156
경성방송국 101, 102
경성소년연맹 165, 166
경성소년지도자연합회 165
경성청년구락부 37, 40~43, 73, 89, 92, 93, 102
경술국치 23
계명구락부 145
계산학교 58
고경인 69
고한승 56, 57, 101, 103, 104, 146, 152
고희동 26
고희종 16
공업전습소 33
관립상공학교 관제 33
광성학교 20

광주학생운동 168
교리강연부 65
「교육입국조서」 22, 25
구연흠 72
구자홍 133
구중회 69
국기열 73
국민정신총동원 천도교연맹 49
국민총력 천도교연맹 49
국민협회 60
권덕상 38
권동진 48, 85
권병덕 17, 18, 29~31, 45, 46
극예술협회 56, 57, 59, 76, 102~104
길선주 88
김경재 74
김경택 138
김경흥 138
김광섭 157, 159
김광제 38
김광현 68
김규택 158
김기전 65, 66, 75, 82, 98, 108, 110, 111, 117, 118, 130, 133, 140~143, 152, 158, 172
김기진 57, 73, 158

189

김달현　71
김도연　58
김도현　133
김두형　164
김명식　72
김병희　71
김봉익　69
김사국　71, 72
김삼룡　138
김상근　68
김상율　134
김선배　41
김약수　71
김영만　38
김영팔　73, 101, 103, 104
김옥빈　126, 127
김용제　16
김우경　66
김우진　56, 103
김원주　94
김은직　104
김의진　69, 104
김인숙　134
김일선　40
김일엽　94
김종필　69
김준연　73
김중환　20
김찬　72~74
김태환　71
김한　71, 72
김홍규　64, 85

김홍식　105
김홍작　72
김홍직　104

ㄴ

나도향　41, 92
노병희　38
노헌용　64
『녹성』　79, 93, 94

ㄷ

다케이 다케오　157
대동단사건　48
대전소년회　153
대한독립당　58
도요대학　51, 52, 54, 55, 57, 59, 76, 95, 103
도정궁　17
『독립신문』　90
『동경대전』　142
동경여자유학생친목회　94
동명학교　20
동우회　56, 69
동학　31, 47, 55, 68, 80
동학농민운동　85

ㄹ

류석태　38

ㅁ

마산불교소년회　153
마해송　93, 103
매동보통학교　25
명진소년회　165
『무산자』　71
무산자동지회　71
『묵암비망록』　85, 88
문우회　53
문탁　38
물산장려운동　72
미동보통학교　18, 25, 33
민립대학설립운동　72
민병옥　104, 105
민석현　69
민원식　55, 59
민족개조　66, 72
민족문화수호운동본부　85, 86
민족자결주의　88, 89
민족협동전선운동　166
민중문학　76, 79
민태원　69

ㅂ

박달성　57, 61, 62, 64, 68, 69, 74, 104, 105
박대성　164
박래옥　134
박래홍　64, 65, 141
박무병　38, 39
박사직　65, 66, 69, 133
박세영　73
박순서　72
박승철　95
박열　71
박영환　69
박영희　41, 42, 73, 92, 120
박용회　65
박용희　133
박우삼세　138
박은식　173, 174
박인덕　94
박인호　48, 64
박일병　40, 72
박진순　81
박춘섭　68
반도소년회　164
방경수　12, 13, 17, 18, 30
방운용　29, 41, 141
배기원　69
배천소년회　153
백광회　159
백광흠　71
백무　71
『백조』　73
『별건곤』　80, 95, 113, 175
별탑회　129
병식체조　20
보문관　18
보성사　22, 85, 90
보성소학교　20, 22, 25, 26
봉상사　15~17
부관연락선　104

191

『부인』 95, 115
북성회 71
북풍회 71, 104
불교소년회 152, 160, 164
『붉은저고리』 34

ㅅ

『사랑의 선물』 98
『사랑의 학교』 129
사이조 야소 157
사카이 도시히코 77
3·1운동 22, 24, 31, 48, 60, 64, 70, 72, 79, 90, 93, 94, 115, 136, 138, 147, 160
새벗회 165
『새별』 34, 97
색동회 52, 55, 101, 102, 114, 146, 148, 149, 152, 156, 162
샬롯 브론테 172
서울무산소년회 164
서울청년회 72
선린상업학교 30, 33
선명청년회 소년부 165
선우백 88
선천소년군 153
설의식 57
세계아동예술전람회 156, 157, 159
『소년』 34, 97, 108, 136
소년입지회 20, 27~30, 37
손광화 66
손병희 31, 36, 42, 45, 47~49, 59, 64, 81, 85, 86, 111

손봉원 56
손영섭 158
손용화 17, 45, 46, 49, 142
손재기 65
손진태 146
송영 73
수원농림학교 33
『시사신문』 60
시일학교 67
시천교 17, 29, 30, 32
신간회 84, 166
『신경제』 95
신백우 71
신사상연구회 72
신상호 133
신숙 48
『신여성』 95, 123, 127, 175
『신여자』 94, 121
신영철 127, 158
『신인간』 48
『신조선』 39
신준려 94
신채호 173, 174
『신청년』 40~43, 57, 79, 92~94, 97, 121
신한청년당 88
신한촌소년애국단 137
신형철 57
심의린 145
심정신 40

ㅇ

안변소년회　137
안주소년회　153
액턴 벨　172
앤 브론테　172
야나기 무네요시　53, 54
양근환　59, 60, 62
양전백　88
『어린이』　14, 52, 55, 73, 95, 114, 115, 117, 118, 120, 122, 123, 125, 127, 129, 137, 144, 148, 156, 157, 175
어린이날　150, 152, 160, 166
어린이날 노래　151, 163
에밀리 브론테　172
엘리스 벨　172
여운형　88
『여자계』　94
여자흥학회　69
연성흠　129
연원제　30, 31, 65
연학년　58
염군사　57, 104
오세창　48, 85
오애기　13
오월회　147, 165
오지영　47
옹진소년회　153
왜관소년회　137
운동회　20
원각사　16
원우관　71, 72

원정룡　71
원종린　71
6·10만세운동　84
유광렬　26, 36, 37, 41, 47, 49, 89, 90, 93~95, 158
유길준　58
유도순　158
『유심』　175
유억겸　58
유엽　56
유영준　69
윤극영　146, 148, 152, 169
윤덕병　71
윤석중　81, 141, 164
윤익선　90
윤치호　58
을사늑약　22
2·8독립선언　58
이관영　47, 49
이광수　97
이기용　164
이기정　57, 68
이노우에 엔료　52
이노익　94
이돈화　48, 64, 65, 131~133, 172
이동휘　70
이두성　158
이범일　93
이병헌　133
이복원　37, 42, 73, 90, 92
이봉수　73
이상재　88
이석호　158

이성환　66, 73, 158
이순탁　73
이승복　71
이승훈　88
이영　72
이와야 사자나미　143
이완용　47
이용구　30
이용익　22, 26
이용직　38
이우명　95
이은상　99
이을　158
이익상　73, 158
이재성　71
이재호　158
이정호　81, 101, 117, 118, 127, 129, 134
이종만　38
이종일　85, 90
이종호　22
이종훈　47, 85
이준태　71, 72
이중각　37, 38, 41, 42, 73, 90, 92, 93
이천소년단　153
이천양정여학교　153
이천유치원　153
이태운　68, 90
이필화　16
이해일　93
이헌구　157, 158
이혁로　71
일본유학생회　56, 103

일월회　71
임쌍세　138
임용택　71
임종연　39
임택룡　71

ㅈ

자유노동조합　39
장기렴　64
장봉환　16
장제스　172
장중정　172
장지환　133
장회근　95
전민철　104, 105
전선어린이날중앙연합준비회　168
전선어린이날중앙연합준비회반대동맹　168
전선지도자대회　162
전조선소년지도자대회　152
정광조　47~49
정규환　38
정도전　133
정도준　64
정병기　146
정순철　146
정순청　152
정우회　166
정인섭　102, 157, 169
정인엽　133
정일섭　69, 104
정중섭　57, 68, 104, 105

정태성　71
정태신　71
정한조　138
정홍교　147, 164, 165, 168
『제일선』　95
조규수　71
조기간　65, 66, 105, 134
조명희　56, 57, 103
조선고학생동우회　71
조선공산당　72
조선광문회　145
조선노동대회　38, 42
조선농민사　43, 66, 73, 81
조선민단　38
조선보이스카우트　136
조선소년군　152, 160
조선소년군총본부　166
조선소년단　160
조선소년연합회　166
조선소년운동협회　75, 149, 152, 160, 162, 163, 165
조선소년총동맹　166
조선어연구회　145
조선어학회사건　58
조선인산업대회　126
조선임전보국단　49
조선청년회연합기성회　72
조선총독부　53
조선학생대회　99
조선흥업회사　58
조재호　152
조준기　103, 104, 146, 152
조철호　136

조춘광　103
주옥경　66
중앙기독교청년회 소년부　165
진병기　71
진보회운동　85
진장섭　56, 103, 146, 150, 152
진주소년회　138, 139
진주천도교소년회　153

ㅊ

차상찬　158
차용복　105, 133
찬문학교　20
천도교　32, 43, 47, 50, 54, 66, 67, 80~82, 93, 95, 99, 105, 106, 111, 112, 140
천도교 신파　48
천도교 재경학생친목회　66
천도교 종리원　32
천도교 청년극회　56
천도교내수단　66
천도교소년회　56, 75, 114, 115, 117~120, 122, 127, 132, 133, 136, 140, 143, 144, 147, 152, 159, 160, 162, 165
천도교청년교리강연부　64, 118, 126
천도교청년극회　102, 103
천도교청년당　65~67, 73, 126
천도교청년총동맹　67
천도교청년회　65, 67, 75, 105, 119, 133, 141
천도교청년회 도쿄지회　51, 54, 57, 68, 69, 75, 76, 102, 106

천도교청우당　68, 126
천도교학생회　66
천도구국단　86
철원소년회　153
『청춘』　97, 108, 175
최경진　138
최경화　158
최남선　108, 136
최동호　47
최동희　47
최린　48
최병화　129
최상돈　16
최승일　41~43, 92, 93, 103, 104
최시형　47, 55, 111
최영주　34, 81
최의순　158
최익현　22
최제우　31, 68, 80, 111
최혁　65

ㅋ

카프　42, 57
커러 벨　172
크레스틴테른　73, 81

ㅌ

태평양전쟁　48
토월회　58
토지조사국　35

ㅍ

파스큘라　57
파주소년회　153
평산문화소년회　153
평양천도교소년회　153

ㅎ

『학생』　95, 175
학우회　69
한국민주당　58
한위건　73
한인사회당　70
현성학교　20
협률사　15, 16
협성구락부　60
형설회순회연극단　56
『혜성』　74, 95, 177
홍갑표　38
홍덕유　72
홍명희　71, 73
홍병기　46, 47, 49
홍세환　158
홍승서　69
홍증식　71
홍해성　56
화동학교　20
화요회　72
황경주　65
흑기연맹　38, 42
흑룡회　71
흥업구락부사건　58

소년운동을 민족운동으로 승화시킨 방정환

1판 1쇄 인쇄 2012년 3월 20일
1판 1쇄 발행 2012년 3월 26일

글쓴이   조성운
기 획   독립기념관 한국독립운동사연구소
펴낸이   김능진
펴낸곳   역사공간
　　　　 서울시 마포구 서교동 463-31 플러스빌딩 5층
　　　　 전화 : 02-725-8806~7, 팩스 : 02-725-8801
등록   2003년 7월 22일 제6-510호
ISBN 978-89-90848-95-6 03900

*잘못된 책은 바꿔 드립니다.
가격 10,000원